Karl Franz Otto Dziatzko

Entwickelung und gegenwärtiger Stand der wissenschaftlichen Bibliotheken Deutschland

mit besonderer Berücksichtigung Preussens

Karl Franz Otto Dziatzko

Entwickelung und gegenwärtiger Stand der wissenschaftlichen Bibliotheken Deutschland

mit besonderer Berücksichtigung Preussens

ISBN/EAN: 9783743627987

Hergestellt in Europa, USA, Kanada, Australien, Japan

Cover: Foto ©ninafisch / pixelio.de

Weitere Bücher finden Sie auf **www.hansebooks.com**

SAMMLUNG

BIBLIOTHEKSWISSENSCHAFTLICHER ARBEITEN

HERAUSGEGEBEN

VON

KARL DZIATZKO,

O. Ö. PROFESSOR DER BIBLIOTHEKSHÜLFSWISSENSCHAFTEN UND OBERBIBLIOTHEKAR
DER UNIVERSITÄT GÖTTINGEN.

5. HEFT.

KARL DZIATZKO: ENTWICKELUNG UND GEGENWÄRTIGER STAND DER WISSENSCHAFTLICHEN BIBLIOTHEKEN DEUTSCHLANDS MIT BESONDERER BERÜCKSICHTIGUNG PREUSSENS.

LEIPZIG.

VERLAG VON M. SPIRGATIS.

1893.

ENTWICKELUNG
UND
GEGENWÄRTIGER STAND
DER
WISSENSCHAFTLICHEN BIBLIOTHEKEN DEUTSCHLANDS
MIT
BESONDERER BERÜCKSICHTIGUNG
PREUSSENS
VON
KARL DZIATZKO.

MIT 1 TABELLE.

LEIPZIG.
VERLAG VON M. SPIRGATIS.
1893.

Vorwort.

Die auf Anordnung des Königlich Preussischen Unterrichtsministeriums vorbereitete Betheiligung der grösseren Bibliotheken Preussens an der Bibliotheks-Ausstellung in Chicago, denen sich in sehr erfreulicher Weise zahlreiche andere Bibliotheken Deutschlands angeschlossen haben, legte der genannten Behörde den Wunsch nahe, als Einleitung gewissermassen in das Studium der deutschen Bibliotheks-Ausstellung und zu ihrer Ergänzung die Entwickelung der wissenschaftlichen Bibliotheken Deutschlands und ihren gegenwärtigen Stand dargestellt zu sehen. Dem Unterzeichneten wurde ein entsprechender Auftrag zu Theil. Bei der Kürze der Zeit, welche weder Reisen noch selbst schriftliche Erkundigungen in weiterem Umfange oder das Versenden von Fragebogen gestattete, musste er freilich darauf verzichten, den Geschäftsbetrieb und alle nennenswerthen Einrichtungen der verschiedenen Bibliotheken eingehend zu behandeln Er musste sich darauf beschränken, zunächst für ausserdeutsche Fachgenossen in allgemeinen Umrissen und kurzen Zügen dasjenige hervorzuheben, was über den nächsten Wirkungskreis der einzelnen Bibliothek hinaus für die Gesammtentwickelung der grösseren

Bibliotheken Deutschlands als bedeutungsvoll sich erwiesen hat und ihre Eigenart, soweit von solcher die Rede sein kann, verständlich macht. Für den deutschen Leser kann diese Skizze bei dem bisherigen Mangel an ähnlichen historischen Versuchen wenigstens zur schnellen Orientirung dienen und den Rahmen abgeben für die Einreihung und Gruppirung eines reicheren Materials.

Göttingen, im April 1893.

Karl Dziatzko.

Die Grundlagen der wissenschaftlichen Bibliotheken Deutschlands reichen wenigstens bis auf Karl den Grossen zurück, den schon ein jüngerer Zeitgenosse (Godesscalc) als *studiosus in arte librorum* (»voll Eifer im der Pflege der Bücher«) bezeichnete: auf die von den ersten Sendboten des Christenthums in den deutschen Gauen gegründeten Kirchen und Klöster, mit denen gewiss stets Schulen verbunden waren; auf die Belebung wissenschaftlichen Sinnes unter der Geistlichkeit und im Laienstande, die von jenem Regenten ausging, sowie auf das Vorbild, welches einige blühende Klöster des westfränkischen Reiches, wie die von Tours, Fontenelle, St. Denis, in Bezug auf Sammlung und Vermehrung von Handschriften gaben. Wie sehr auch andere Aufgaben als gerade litterarische in Deutschland damals für den Klerus im Vordergrunde standen, entbehren konnte er des Rüstzeuges an Büchern nicht, wenn er selbst im Zusammenhang mit der kirchlichen Tradition und dem Geistesleben der Vorzeit bleiben und Andere dazu hinführen wollte. Kirchen und Klöster, namentlich solche der Benediktinerregel, sind es daher, von deren Bibliotheken wir am frühesten und durch mehrere Jahrhunderte fast ausschliesslich auf deutschem Boden hören. Benediktbeuren und Fulda erhielten nachweislich Bücherschenkungen von Karl d. Gr.; in Salzburg brachte Erzbischof Arn (um 800) eine Sammlung von mehr als 150 Büchern zusammen und in der gleichen Zeit sorgte Erzbischof Hildebold von Köln (785—819) eifrig für die Anfertigung von Handschriften für die Bücherei seiner Kirche. Im 9. Jahrh. gab es ausserdem sicher bereits Büchersammlungen, deren Inventare sich zum Theil erhalten haben, in Bamberg, Bergkirchen (in Bayern), Constanz, Freising, Lorsch, Reichenau (im J. 822:415 Bde), St. Gallen (428 u. m. Bde), Staffelsee (in Bayern), Weissenburg und Würzburg (Stift Neumünster), auch Murbach (im Elsass) und Passau (9/10. Jahrh.), wobei wir die Grenzen Deutschlands den damaligen Verhältnissen entsprechend weit ansetzen. Aus den folgenden Jahrhunderten sind die Erwähnungen mehr oder minder umfangreicher Bibliotheken, abgesehen von den schon erwähnten, noch zahlreicher. Ich nenne nur von den bekannteren Orten Augsburg, Engelberg, Gandersheim, Hirschau, Kremsmünster, Pfäffers, Regensburg, Schaffhausen und Speyer Von anderen Klöstern gleicher Bedeutung, wie z. B. Corvey, Hersfeld u. s. w., fehlen gewiss nur zufällig so alte Nachrichten über ihre Bibliotheken. Von einzelnen Personen werden vor allem Fürsten als Begründer von Bibliotheken aus jener Zeit genannt: Karl d. Gr., Ludwig der Fromme, Otto III., aber auch Geistliche und Edelleute aus dem Laienstande. Die Benutzung der Handschriften geschah natürlich ganz vorwiegend am gleichen Orte oder es war doch auf solche gerechnet; doch sind auch die Beispiele ihrer Verleihung nach auswärts, besonders an Klöster, nicht selten, um davon eine Abschrift anfertigen oder einen schon vorhandenen Codex darnach verbessern zu lassen. In der Regel wurde ein Pfand für die richtige Rückgabe hinterlegt, häufig in Form gleich oder höher geschätzter Bücher; später wurde dies ganz allgemein gebräuchlich und sogar in die Benutzungsordnungen aufgenommen. Der Kreis der Interessenten war klein und die Versendung der gewünschten Bücher von Ort zu Ort von grossen Schwierigkeiten begleitet. Gleichwohl erhält man aus den Nachrichten doch den Eindruck einer gewissen Bereitwilligkeit und Liberalität, die auf dem Bewusstsein der Gemeinsamkeit geistiger Interessen beruhten. Die Anordnung der Codices in den zahlreichen noch erhaltenen alten Katalogen ist insoweit sachlich, als sie nach dem Inhalt in mehrere Gruppen zerfallen: voran steht meist die biblische Litteratur, es folgen die Kirchenväter, kanonische und liturgische Bücher und endlich die weltlichen Schriften. Daneben machten sich Rücksichten auf das Format der Bücher und auf die Zeitfolge ihrer Erwerbung geltend. Das Amt des Bibliothekars *(armarius)*, mit dem auch die Aufsicht über die Schreiber verbunden war, galt als sehr wichtig und sollte nur an ältere und mit den Verhältnissen des Klosters vertraute Brüder übertragen werden (d'Achery, Spic. vet. scr. IV. S. 185).

Die Zahl der Handschriften wuchs in den einzelnen Bibliotheken unter der Fürsorge zahlreicher eifriger Aebte und Brüder, wenn auch Verluste natürlich nicht ausblieben und namentlich vom 12. Jahrh. an ein wesentlicher Umschlag in den Neigungen und der Bildung der Klosterbrüder und damit in der äusseren Ausstattung und inneren Güte der Handschriften, auf einzelnen Gebieten auch in der Zahl ihrer Vermehrung sich bemerkbar macht. Die Kreuzzüge, das Aufblühen der Städte und sonstige Verhältnisse brachten andere Klassen der Menschen und andere Interessen in den Vordergrund; die vornehmeren, mehr einem beschaulichen Leben und Studien gewidmeten Orden der Benediktiner, Cisterzienser und Karthäuser wurden zur Seite gedrängt von den im Anfang des 13. Jahrh. gestifteten Orden der Prediger- und Bettelmönche, die auf die Bürger der Städte und die grossen Massen zu wirken begierig, vor allem Ausbildung ihrer dialektischen Gewandtheit erstrebten, historisch-litterarischen Bestrebungen aber abhold waren. Daher bezeichnen das 13. und 14. Jahrh. für die vorerwähnten Bibliotheken eine Periode des Stillstandes oder des Rückgangs. Da indess in derselben Zeit Bildung und Kenntnisse Gemeingut weiterer Kreise wurden und z. Th. auch dem Inhalt nach sich popularisirten, nahm das Bedürfniss nach Büchern und nach Sammelstätten solcher nicht ab; der Sitz dieser und ihr Charakter wurden nur theilweise verändert. Aus früheren Klosterschulen entstanden grössere Studienanstalten halb weltlichen Charakters und als deren Elite die Universitäten, die meist nach dem Muster der Pariser Universität oder der italienischen organisirt, bei sehr grosser Studentenzahl auch ansehnlicher und geordneter Büchereien bedurften und für deren Verwaltung und Benutzung bereits durch feste Ordnungen sorgten.

Das Aufkommen des Leinenpapieres an Stelle des Pergamentes begünstigte das rasche Anwachsen der Sammlungen. Diesen Bibliotheken wie den älteren ist die enge Verbindung mit den Genossenschaften eigen, auf deren Bedürfnisse sie zunächst berechnet waren, die ihren Inhalt und ihre Einrichtung bestimmten, ihnen aber auch eine gewisse Dauer und sicheren Bestand gewährleisteten. Privatbibliotheken von Bedeutung konnte es daneben fast nur im Besitze hoher Herren, weltlicher oder geistlicher, geben, doch waren diese nach dem Tode des Besitzers meist den Wechselfällen des Zufalls ausgesetzt. Seit dem 14. Jahrh. nahm aber, entsprechend dem kräftigeren und freieren Hervortreten der Individualität im gesammten Geistesleben, auch die Lust Einzelner am Sammeln von Büchern sehr bemerkbar zu und erhielt auch durch die da und dort auftauchenden religiösen Bewegungen einen starken Anstoss. Die lebhafte Entwickelung des Handelsverkehrs und der zunehmende Wohlstand leisteten solchen Neigungen Vorschub und beförderten die Anlage namhafter Büchersammlungen auch bei Privaten. Von der Bewegung des Humanismus, welcher in Italien schon im 14. Jahrh. das Verlangen nach Büchern mächtig gesteigert und die Anlage zahlreicher Handschriftensammlungen, zunächst in den Händen von Privaten, hervorgerufen hatte, wurde Deutschland erst etwa ein Jahrhundert später ergriffen. Es kam die neue Kunst des Buchdrucks hinzu, welche die Preise der Bücher sofort auf höchstens ein Fünftel sinken liess und den Erwerb von Büchern, die Gründung und Vermehrung der Bibliotheken so wesentlich erleichterte, dass allein aus diesem Grunde eine neue Epoche des Bibliothekswesens von jener Erfindung (Mitte des 15 Jahrh.) zu datiren ist.

Der bisherige enge Zusammenhang der Bibliotheken mit den Studienanstalten jeder Art, mit religiösen Genossenschaften, Kirchen und Stiftern blieb, wie ganz natürlich ist, weiter bestehen, und die zahlreichen Privatbibliotheken, die damals und weiterhin entstanden, fanden zuletzt in der Regel ihren Weg in eine jener Korporationsbibliotheken, sofern nicht Fürstengeschlechter und begüterte Adelsfamilien sich dauernd in ihrem

Besitz zu erhalten wussten. Aber eine neue Wendung in der Entwickelung des Bibliothekswesens brach sich damals Bahn. Schon Petrarca hatte 1362, als er seinen Wohnsitz nach Venedig verlegte, der Republik angeboten, unter gewissen Bedingungen ihr seine reiche Bibliothek zu vermachen, die in einem besondern, gegen Feuer und Unwetter gesicherten Hause dauernd aufgestellt werden sollte ›zu Nutz und Frommen der Geistreichen und Edlen jener Stadt‹. Coluccio Salutati betonte ungefähr gleichzeitig die Nothwendigkeit der Anlage öffentlicher Bibliotheken grössten Umfanges aus Gründen der philologischen Kritik (Mehus, vit. Ambr. Trav., S. 291). Etwas früher bereits (1345) hatte Richard de Bury, der Freund Petrarcas, in seinem Philobiblon (c. 18. 19) die Absicht ausgesprochen, seine grosse Büchersammlung der allgemeinen Benutzung zugänglich zu machen. Die erste öffentliche Bibliothek in modernem Sinne aber stiftete Niccolò Niccoli († 1437), indem er seine reiche Handschriftensammlung der Stadt Florenz zum allgemeinen Gebrauche vermachte, wo sie später (1444) Cosmo di Medici in der neugegründeten Marciana unterbrachte. Kurz, die Vorstellung, dass es Büchersammlungen geben müsse, die ausdrücklich und dauernd dem allgemeinen Nutzen dienen sollten, kam im 14/15. Jahrh. zuerst auf; häufig ist seitdem von einer ›bibliotheca publica‹ die Rede. Wir haben hierin eine der edelsten Früchte zu sehen, welche am Baume des Humanismus reiften und genährt waren von den aus dem Alterthum gesogenen Ideen des Gemeinsinnes und der allgemeinen Wohlfahrt.

Wie in Italien, wenn auch später, boten in Deutschland die während der letzten Jahrhunderte des Mittelalters erstarkten städtischen Gemeinden der neuen Richtung des Bibliothekswesens einen günstigen Boden. In grösseren und kleineren Städten fanden sich auch noch vor der Reformation im 15. und 16. Jahrh. begeisterte Freunde der Litteratur und Wissenschaft, welche dem Ort, wo sie geboren waren oder gelebt hatten, ihre eigenen Bibliotheken oder die Mittel zur Anlage solcher zum allgemeinen Gebrauche hinterliessen (vergl. Falk im Hist. Jahrb. I.). Aus Heidelberg (1472), Michelstadt (1499) und

Wittenberg (1514), vielleicht auch Ladenburg am Neckar (1503), erfahren wir noch vor dem ersten Auftreten Luthers von solchen Stiftungen. In Frankfurt a. M. erfolgte sie ausdrücklich dem gemeyn volk zu notze‹ (1477) und ähnlich in Xanten (1485). Die von Kirchdorf'sche Stiftung in Alzei (1409) und die Neithard'sche zu Ulm (1443 und 1516) dienten nnr einer beschränkteren Oeffentlichkeit, und bei anderen Stadt- oder Rathsbibliotheken, welche wir kennen lernen, wie der von Nürnberg (seit 1432), fehlt der Charakter der Oeffentlichkeit in noch höherem Grade oder er lässt sich nicht nachweisen, wie in Braunschweig (1413), Danzig (1413 und 1465), Hamburg (1469) und Schlettstadt. Eigene Gebäude gab es für solche Büchereien fast nirgends: von Frankfurt a. M. wissen wir allerdings, dass 1522 ein Bürger (Jak. Heller) der Stadt 50 Goldgulden vermachte zur Erbauung einer Bibliothek. In der Regel wurden sie Kirchen oder Klöstern zur nächsten Obhut überwiesen.

Wie in anderen Dingen zeigt die Reformation, wenn gleich von anderen Ausgangspunkten her, auch hierin gleiche Anschauungen und Bestrebungen wie der Humanismus. In seiner Schrift ›An die Rathsherren aller Städte deutschen Landes, dass sie christliche Schulen aufrichten und halten sollen‹ (1524), mahnt Luther dieselben, welchen er die Schulen ans Herz legt, eindringlich, ›dass man Fleiss und Koste nicht spare, gute Librareien oder Bücherhäuser, sonderlich in den grossen Städten, die solichs wohl vermügen, zu verschaffen‹, und begründet es eingehend aus dem Neuen und Alten Testament sowie aus der Geschichte (Erlanger Ausg. von L.'s Werken Bd. 22 S. 194). Indem er kräftig die verkommenen Zustände der klösterlichen Bibliotheken schildert, unterlässt er nicht im einzelnen anzugeben, was die empfohlenen Stadtbibliotheken an ›rechtschaffenen Büchern‹ enthalten sollten: es ist die Heilige Schrift in den wichtigsten Sprachen, ihre besten und ältesten Ausleger, ferner was zur Erlernung der Sprachen nöthig ist, schöne Litteratur, Künste, Jurisprudenz, Medizin und vor allem Geschichte. Dass er Erfolg hatte mit seiner Mahnung, beweist theils die Neugründung vieler städtischer Bibliotheken, wie Augsburg (1537), Eisleben (1542), Lindau (1528), Nürnberg

(1538), wohl auch Worms (vor 1531) und Zwickau, etwas später Danzig (1582/91), Grimma (1569), Halle (Marienbibl. 1552/60), Lüneburg (1555), theils die vermehrte Fürsorge, die schon bestehenden Bibliotheken zu Theil wurde. Die v. Rehdiger'sche Bibliothek in Breslau wurde Familienstiftung (1576), aber mit öffentlicher Benutzung. Zahlreiche Stifter und Klöster wurden in den reformirten Städten und Ländern säkularisirt; ihre Büchersammlungen, welche übrigens italienische Humanisten bereits mancher kostbarer Stücke beraubt hatten, bildeten den Grundstock der neuen Bibliotheken oder einen erwünschten Zuwachs, ihre Gebäude für lange Zeit deren nächstliegende Stätte. Mit dem Maassstabe unserer öffentlichen Bibliotheken dürfen jene Anfänge solcher freilich nicht gemessen werden. Dafür war doch der Kreis der auf ihren Gebrauch Angewiesenen zu klein und der Sinn für Bücherweisheit gerade bei den Bürgern einer Stadt zu wenig verbreitet. Dass städtische Mittel zur Vermehrung und Verwaltung der Bücher verwendet wurden, geschah nur ganz ausnahmsweise. Die Oeffentlichkeit der Benutzung bestand meistens bloss darin, dass eine grössere Zahl von besonders interessirten Personen Schlüssel zur Bibliothek erhielten und damit das Recht für sich oder Andere Bücher zu entleihen, auch Andere in die Bibliothek einzuführen. Die Fremden mussten jedoch vor der Entnahme von Büchern Leih- und Bürgscheine, häufig sogar ein Faustpfand hinterlegen.

Weit höher müssen wir für jene Zeiten die Wirksamkeit der Bibliotheken aller grösseren Studienanstalten, besonders der Universitäten, anschlagen, zumal wenn diese stark besucht waren und reger Eifer für gelehrte Studien an ihnen herrschte. Ersetzte da doch die grosse Zahl der Benutzer die fehlende Oeffentlichkeit. Nach dem Vorbild von Paris hatten die deutschen Universitäten, Prag an ihrer Spitze, von Anfang an Bibliotheken erhalten, Erfurt z. B. durch Amplonius Ratink 1412 zugleich das Kollegium und seine Bibliothek (die Amploniana). Wie in Heidelberg (seit 1386) bestanden an der einzelnen Hochschule häufig zwei Bibliotheken, eine der Artistenfakultät und eine allgemeine *(communis)*; ähnlich waren schon früher in den Klöstern eine Schul- und Kirchen-, oder äussere und innere Bibliothek unterschieden worden. Die Bücher durften in der Regel nur an Ort und Stelle benutzt werden, wo die kostbaren Stücke angekettet waren. Ausgegeben wurden sie, um davon Abschriften machen zu lassen, oder gegen Hinterlegung eines Pfandes zum Studium. Mit besonderer Erlaubniss geschah dies auch Fremden gegenüber. Manche Benutzungsordnungen sind uns noch aus dieser Zeit erhalten und gewähren einen Einblick in den der Zeit entsprechenden schwerfälligen Gang der Verwaltung.

In diese Zeit, zwischen Ausgang des Mittelalters und den dreissigjährigen Krieg, fällt auch die Begründung zahlreicher Bibliotheken regierender Fürsten, reichsunmittelbarer Herren und anderer Personen des hohen Adels. Dass diese Sammellust meist nur an der einzelnen Person hing und nach ihrem Tode die Bibliothek sehr verminderte Pflege erfuhr, lag in der Natur der Sache. Gleichwohl schützten die gesicherte Lage der Familien und die traditionelle Achtung vor dem Ererbten die Bibliotheken in den meisten Fällen vor gänzlichem Untergang. Mit wechselnder Liebe fortgeführt bilden sie heute den Grundstock der zahlreichen Hof- und Staats-, Fideikommiss- und Familienbibliotheken, deren Deutschland sich gleich Italien noch zur Zeit erfreut. Freilich haben die Stürme der Zeiten, welche die politische Karte Deutschlands immer wieder gründlich veränderten, mit den vielen selbständigen Städten und Ländern auch viele jener mit Lust gesammelten Bibliotheken vernichtet oder ihnen doch ihre Selbständigkeit geraubt. Von Familienbibliotheken der bezeichneten Art, die zumeist im 16. Jahrh. und im Anfang des 17. begründet wurden, zähle ich nur folgende auf: die des Markgrafen Joachim Ernst zu Ansbach (1603—1625), des Grafen Simon VII. zur Lippe in Detmold (um 1614), die der sächsischen Kurfürsten (um 1556 angelegt, seit 1586 in Dresden), die des Kurfürsten Otto Heinrich zu Heidelberg (Kurf. Landbibliothek 1553), des Landgrafen Wilhelm IV. d. Weisen zu Kassel (1580), des Herzogs Albrecht v. Brandenburg zu Königsberg (1534), des Herzogs Albrecht V. zu München (1550—79), die Schlossbibliothek zu

Oels 1587, jetzt in Dresden), die des Herzogs Johann Albrecht I. v. Mecklenburg (seit 1789 in Rostock, vorher in Bützow), die der Herzöge Julius und besonders August d. J. von Braunschweig (die Sammlung des Letzteren seit 1604 angelegt), jetzt in Wolfenbüttel. Richtung und Verwaltung dieser Sammlungen hingen natürlich ganz von den individuellen Neigungen ihrer Besitzer, diese aber stets etwas von den Hauptströmungen ihrer Zeit ab. In der gedruckten Litteratur überwogen historische und genealogische Werke, Land- und Seereisen, Unterhaltungslitteratur der verschiedenen Sprachen, praktische Theologie, Jurisprudenz und Naturwissenschaft. Von gelehrten theologischen und juristischen Büchern pflegten nur Hauptwerke und andere nach Zufall vertreten zu sein, sehr zahlreich dagegen die Schriften der polemischen Theologie, besonders der Reformatoren und ihrer Gegner.

Die trostlose Zeit des dreissigjährigen Krieges war natürlich der Entwickelung unserer deutschen Bibliotheken in hohem Grade nachtheilig. Auch diejenigen, welche nicht unmittelbar durch Plünderung, Brand oder völlige Vernachlässigung Schaden litten, empfanden die Ungunst der Zeiten infolge der allgemeinen Verarmung. Wichtige Bibliotheken wanderten als Kriegsbeute nach dem Ausland: so die Palatina (Kurfürstliche Landbibl.) aus Heidelberg nach Rom (1623), die Würzburger Jesuitenbibliothek nach Upsala (1631), auch die Braunsberger Jesuitenbibliothek und die Breslauer Dombibliothek nach Schweden (1622). Das gleiche Schicksal sollte die Kurmainzische Bibliothek haben, sie versank aber unterwegs in der Ostsee. Nach allen Seiten zerstreut wurden verschiedene Büchereien der Prov. Preussen, besonders des Ermlandes, durch die Schweden, andrerseits die der Stadt Magdeburg durch die Tilly'schen Schaaren (1631). Andere Bibliotheken erlitten wenigstens schwere Verluste, wie die von Bamberg (Kön. B., 1634), München (Hof- u. Staats-B.), weshalb der Kurfürst von Bayern sich durch Entführung der Bibliothek von Hohentübingen schadlos zu halten suchte (1635), die von Paderborn und Zweibrücken. Die Bibliothek der Päpste in Rom und die

der Königin Christine von Schweden, welche selbst später durch Kauf in die Vaticana gelangte (1689), hatten nebst den Bibliotheken der nordischen Reiche den Hauptgewinn von diesen Beraubungen deutscher Bibliotheken in jener Zeit. In die nächsten Jahrzehnte nach dem 30jährigen Kriege, wenigstens noch in das 17. Jahrh., fällt bemerkenswertherweise die erneuerte Organisation wichtiger moderner Landesbibliotheken Deutschlands. Doch waren es jetzt nicht mehr die Städte, deren Macht und Wohlstand vielmehr durchaus gebrochen darnieder lag, sondern einsichtige und kraftvolle Fürsten, die ausser der Hebung der materiellen Wohlfahrt und der politischen Bedeutung ihrer Länder anch deren geistige Interessen sich angelegen sein liessen und wie für Schulen und Kirchen auch für Kunstsammlungen und Büchereien sorgten. Der grosse Kurfürst Friedrich Wilhelm von Brandenburg gab, während er gegen die Schweden im Felde lag, den Befehl zur Neuordnung der Kurfürstlichen Hausbibliothek, womit die geringen Reste märkischer Klosterbibliotheken und einiger anderer vereinigt worden waren, und schon 1661 hatte der neue Bibliothekar Rave ihre Aufstellung in einem Saale und einem Zimmer des Schlosses vollendet und konnte das wahrscheinlich bereits für die allgemeine Benutzung bestimmte Lesezimmer eröffnen. Einige Dispens- und Strafgelder, durch drei Dezennien jährlich nur etwa 324 Thaler im Durchschnitt, waren die regelmässigen Einnahmen der Sammlung. Aehnlich sorgte Herz Friedrich I. für seine Bibliothek zu Altenburg (1686), Landgr. Ludwig VI. (1661—1678) für die zu Darmstadt, Herz. Ernst d. Fromme (1640--75) für die zu Gotha, Herz. Johann Friedrich (1665—1679) für die zu Hannover, Herz. Bernhard I. (1680—1706) für die zu Meiningen, Herz. Wilhelm Ernst für die zu Weimar (u. 1691), auch Graf zu Solms-Laubach für die zu Laubach (u. 1680) u. A.

Während so die Keime der jetzigen Hof- und Landesbibliotheken wenn auch nicht gelegt, so doch neu entwickelt wurden, bestanden die alten Universitäts- und sonstigen Anstaltsbibliotheken weiter, erhielten aber — gleichfalls infolge der durch den grossen Krieg eingetretenen Zerrüttung — vielfach eine Neuordnung. Dass hierdurch die alten Grundlagen in Bezug auf Vermehrung, Einrichtung und Benutzung wesentlich verändert worden wären, lässt sich kaum nachweisen. Nur gestattete die stark gewachsene absolute Gewalt den einzelnen Landesherren die leichte Verschmelzung selbständiger Bibliotheken, die gar nicht selten fast herrenlos geworden waren, und die Zuweisung solcher an jene Studienanstalten. Das Gleiche liess sich zur Dotirung der Bibliotheken mit veralteten Geldstiftungen vornehmen. In anderen Fällen entäusserten sich verarmte Kirchen und Klöster, sowie Privatpersonen und Familien recht gern des unbequemen Besitzes von Bibliotheken. Es wurde z. B. die von Rehdiger'sche Familienbibl. zu Breslau (s. S. 7) 1645 der Stadt überlassen. Noch zu anderen Stadtbibliotheken wurde in dieser Epoche dauernder Grund gelegt; so zu der von Bremen (1646), Hamburg (1648) und Leipzig (1677) In Frankfurt a. M. fand ihre Reorganisation statt (1668) und in Kolberg die Gründung der Dombibliothek (1663) ›für alle Freunde der Wissenschaften usw.‹ Auf katholischer Seite erhielten besonders zahlreiche neuerstandene Jesuitenkollegien ihre Büchereien aus den Trümmern anderer Bibliotheken; sonst erwähne ich noch z. B. die Beverin'sche, welche 1681 an das Domkapitel zu Hildesheim gelangte. In Bezug auf die Benutzung wurden die alten Vorsichtsmassregeln gewiss schon aus Bequemlichkeit gemildert. Auch machte die rege Lehrthätigkeit, die an den meisten Universitäten herrschte und in den zahllosen gedruckten Disputationen jener Zeit sich ausspricht, eine erleichterte Benutzung der Bibliotheken zur unbedingten Notwendigkeit.

Im 18. Jahrhundert entwickelten die Bibliotheken sich in gleicher Weise und gleicher Richtung weiter. Wie das ganze Jahrhundert, besonders von seinem zweiten Drittel an, den bibliographischen Arbeiten jeder Art eine besondere Vorliebe entgegenbrachte — ich erinnere auf deutschem Boden an Männer wie Joh Gottl. Im. Breitkopf, Joh. Mich. Cosm. Denis, K. Heinr. von Heinecken, Joh. Dav. Köhler, Ge. Wolfg. Panzer, Joh. Dan. Schoepflin, Ge. Wilh. Zapf und an die Anfänge der grossen Leipziger Bücher-Lexika —, so erfreuten sich auch die

Bibliotheken in gewissem Sinne besonderer Pflege und Förderung. Die Zahl der Schenkungen und Vermächtnisse bedeutender Privatbibliotheken an bestehende Institute öffentlichen Charakters ist innerhalb Deutschlands wohl in keinem Jahrhundert grösser gewesen als im vorigen. Aus der Zahl von Geschenkgebern hebe ich nur einige hervor: Chr. Fr. v. Derschau (Ende des 18. Jhd.; in Aurich), W. B. Ad. v. Steinwehr (1771) und Joh. K. K. Oelrichs († 1799; in Frankfurt a. O., jetzt Breslau), Graf Heinr. II v. Bünau (1764) und Graf Heinr. v. Brühl (1768; in Dresden), Zach. K. v. Uffenbach († 1734; Stadt-B.) und Joh. Chr. Senckenberg (1763; S.'sche Stiftung in Frankfurt a. M.), Joach. H. v. Bülow (1735/36), Joh. Fr. v. Uffenbach (1769) und Bar. v. Asch (1772 - 1806; in Göttingen), Joh. A. v. Ponickau (1789; in Halle), die Brüder Joh. Christoph und Joh. Christian Wolf (1739; in Hamburg), Marqu. Gude (1710) und die Brüder Schurzfleisch (1722; in Weimar) u. v. A.

Im Ganzen war es für die Bibliotheken eine Zeit des Sammelns von Handschriften und guten Drucken, deren Werth man auf den verschiedensten Gebieten im Anschluss einerseits an die aufkommenden historisch- und philologisch-kritischen Studien, andrerseits an die encyklopädische Richtung der Zeit kennen und schätzen gelernt hatte. Das Streben, grosse und inhaltlich bedeutende Büchersammlungen zusammenzubringen machte sich an vielen Orten geltend. Und gewiss ist dies für Bibliotheken immer der beste Anfang. Binnen wenigen Jahren kann eine reiche, aber schlecht und engherzig verwaltete Bibliothek ihre Grundsätze völlig zum Guten ändern, ja selbst der Katalogisirung soweit es noth thut, aufhelfen; dagegen ist es nur in den seltensten Fällen möglich einer armen und unbedeutenden Bibliothek in kurzer Frist, selbst mit reichen Mitteln, gleichmässig gute Bestände zu verschaffen. Wir dürfen es daher mit besonderer Genugthuung anerkennen, dass im vorigen Jahrhundert, wenn auch nicht in Bezug auf die Verwaltung, so doch für die Erhaltung und Vermehrung lebensfähiger Bibliotheken in Deutschland Bedeutendes geschah. Und nach den Verlusten des dreissigjährigen Krieges und der folgenden

Kriege gegen Schweden und gegen Frankreich that dies wahrlich noth. Zunächst geschah freilich mehr für Privatsammlungen als für öffentliche Bibliotheken. Waren doch die Staaten meist zu arm oder von anderen Aufgaben in Anspruch genommen, um grosse Mittel zum Ankauf von Büchern jenen zur Verfügung zu stellen. Indess liessen die katholischen Staaten, besonders Baden und Bayern, 1773 die Gelegenheit der Aufhebung des Jesuitenordens nicht unbenutzt, um ihre Landesbibliotheken mit denen der Jesuiten, soweit sie nicht schon bei Seite gebracht waren, zu bereichern. Auch wurde gerade im vorigen Jahrhundert in den meisten oder doch den grösseren Staaten Deutschlands den Buchhändlern die Abgabe von Pflichtexemplaren weniger aus Gründen der Censur als im Interesse der Landesbibliotheken neu oder in Wiederholung älterer Erlasse auferlegt; z. B. in Preussen (1699), Schleswig-Holstein (1781), Bayern (1799 nach 1663) u. a Beim Ankauf von Büchern und ganzen Bibliotheken war zwar Amerika noch nicht eingetreten in den Wettbetrieb, aber die Franzosen und Engländer machten um so gefährlichere Konkurrenz. Ich brauche nur an die berühmten Bibliotheken Lord Spencer's zu Althorp (seit 1892 John Rylands Library in Manchester) und des Königs Georg III. von England sowie an die Anstrengungen zur Hebung der Königlichen Bibliothek in Paris zu erinnern.

Privatpersonen fällt also, wie gesagt, im vorigen Jahrhundert innerhalb Deutschlands wohl das Hauptverdienst um Erhaltung der Bücherschätze zu. Eine öffentliche Bibliothek macht jedoch schon vor der Mitte des Jahrhunderts eine entschiedene und sehr rühmliche Ausnahme, die der 1736/37 neu gegründeten Universität Göttingen. Hier kam zum ersten Male in Deutschland mit vollem Bewusstsein der Plan zum Ausdruck und zur Ausführung, die gesammte wissenschaftlich bedeutsame Litteratur zu sammeln und der ›freien und unbeschwerten‹ Benutzung in weitem Kreise zugänglich zu machen. In weniger als drei Dezennien (1765) konnte man von ihr mit Recht rühmen, dass sie ›mit möglicher Vorbeylassung der gemeinen und gewöhnlichen Handbücher, und anderer unbeträchtlicher, oder doch solcher Bücher, mit welchen alle Buchläden und Privat-Bibliotheken überschwemmet sind, ... hauptsächlich grosse oder kostbare Werke, als grosse Sammlungen, oder ausländische, schwer zu erhaltende, und seltene Schriften, ... in sofern, als diese letztere von irgend einigem Nutzen seyn können ...,‹ soweit besass, ›dass in keinem Fache die vornehmsten Hauptbücher leicht vermisset werden ... ‹ und dass überdies nichts versäumt wurde, ›um bey jeder günstigen Gelegenheit einzelne Fächer auch mit kleineren Schriften so viel möglich vollständig zu machen‹ (Pütter I. S. 213). Im J. 1787 zählte sie bereits 120000 Buchbinderbände. Das Hauptverdienst hatte hierbei ohne Zweifel der Kurator der Universität, der Kammer-Präsident Exc. Gerl. Ad. Freih. v. Münchhausen, der, so lange er lebte († 1770), von Hannover aus mit unermüdlicher Sorgfalt und grosser Umsicht die Ankäufe selbst leitete und durch seine hohen Verbindungen für die Bibliothek werthvolle Geschenke vermittelte. Alle Professoren und ebenso die Bibliotheksbeamten hatten das Recht und die Pflicht, auf wichtige Bücher aufmerksam zu machen, damit für Anschaffung des Fehlenden gesorgt werde. In Hannover bediente sich v. Münchhausen bei den Bücherbestellungen besonders der Hülfe des bücherkundigen Registrators (d. i. Ministerialreferenten) Schlüter, von dem Joh. Dav. Michaelis versicherte (Raisonn. üb. prot. Univ. IV. S. 690; vergl. S. 691 f.), ›dass er Auctions-Catalogos mit der Empfindung las, mit der ein Poet Hallers Gedichte liest‹. Die Benutzungsbestimmungen, namentlich auch in Bezug auf das Verleihen von Büchern an Professoren, andere angesessene Gelehrte und Studenten, waren für damalige Verhältnisse von weitgehender Liberalität. So gelangte die Göttinger Bibliothek noch im 18. Jahrh. zu einer Bedeutung, welche ihr eine angesehene Stellung neben den ersten europäischen und den Vorrang unter den deutschen Bibliotheken sicherte. Von grösseren ihr damals einverleibten Büchersammlungen nenne ich nur die des Hofraths F. W. v. Duve (1782), deren Reichthum an Inkunabeln vergessen lässt, dass die Göttinger Bibliothek verhältnissmässig jung ist; ferner die Schenkungen des russ Staatsraths Baron Ge. v. Asch aus den Jahren 1772—1806 (s. S. 12).

Aber nicht nur durch die Vollständigkeit des Bücherbestandes und eine allgemein gerühmte Zugänglichkeit zeichnete sich die Göttinger Bibliothek schon im 18. Jahrh. aus, sondern ebenso verdankte sie ihren trefflichen Oberbibliothekaren Joh. Matth. Gesner (1736—1761) und Chr. Gottlob Heyne (1763—1812) eine nach grossem und für lange Zeit mustergültigem Plane ausgeführte Einrichtung und Katalogisirung. Der erste alphabetische Katalog zwar, 1748 in 20 Bänden durch den Professor d. Med., Ge. Matthiae, vollendet, erwies sich der starken Vermehrung gegenüber bald als zu klein, sodass 1777 unter Heyne ein neuer, der noch jetzt gültige Katalog nach einem neuen Prinzip begonnen und 1789 in 147 Bänden vollendet wurde. 1854 umfasste er nahezu 360, gegenwärtig 641 Foliobände. Er gewährt jedem Autor ein besonderes Blatt, unter Umständen mehrere, die auf Falzen eingeklebt werden, bis der Umfang des Bandes eine Theilung in zwei oder drei neue Bände verlangt. Auf diese Weise vereinigt er die Vortheile des leichten Einschaltens und der Handlichkeit und gilt auch heute noch manchen Fachgenossen als Ideal eines alphabetischen Kataloges. Jedenfalls leistet er, was wohl von keinem andern etwa 115 Jahre alten und stets stark vermehrten Katalog gelten wird, vollauf seine Schuldigkeit, wenn auch, abgesehen von manchen heute befremdlichen Besonderheiten in der alphabetischen Anordnung, sich auch wesentliche Uebelstände des Systems herausgestellt haben. Erstens nöthigte die Furcht vor einem zu starken Anschwellen des Kataloges zur Ausscheidung der Programme und Universitätsschriften und deren Aufnahme in besondere alphabetische Kataloge und überdies zu einer grossen Sparsamkeit in Verweisungen. Ferner aber wird — und das gilt von allen ähnlichen Katalogen — der für Eintragungen bestimmte Raum nicht genügend ausgenutzt, da etwa die Hälfte der Blätter nur je einen Titel enthält, so dass in absehbarer Zeit die Zahl der Bände übergross werden wird. — Auch der Realkatalog, über dessen Anlage sein Bearbeiter Ge. Matthiae 1755 öffentlich berichtete und der 1788 aus 86 Bänden bestand, seit 1802 aber in fortgesetzter Umarbeitung begriffen ist, wie sich bei

Realkatalogen von selbst versteht, bot, und zwar von Anfang an, zwei wichtige und originelle Einrichtungen. Einmal schliesst sich die Aufstellung der Bücher, von der Formatunterscheidung abgesehen, genau an die im ganzen streng systematische Anordnung der Bücher an, so dass ein besonderer Standortskatalog vermieden wird; und sodann erhielten die Bücher keine fortlaufenden Nummern als Signaturen, auch keine springenden, an welche man damals kaum dachte, sondern die Zahl des Blattes, auf welchem ein Buch im Sachkatalog eingetragen ist, diente und dient zum grössten Theile noch jetzt zugleich mit der abgekürzten Bezeichnung des betreffenden Bandes als einzige Signatur des Buches. Ersterer Grundsatz hat sich in Deutschland fast allgemein Bahn gebrochen; auch der letztere hat mehrseitige Nachahmung noch in unserm Jahrhundert gefunden, z. B. in Berlin, Bonn und Kiel, wird aber gegenwärtig in Göttingen selbst aufgegeben.

Der günstige Umstand, dass auf diese Weise die Göttinger Bibliothek fast von Anfang an mit Umsicht gewählte und auf Dauer berechnete Einrichtungen erhielt, sicherte ihrer Verwaltung eine Stetigkeit, welche sie auch durch Perioden längeren oder kürzeren Stillstandes ohne die Nothwendigkeit tiefgreifender Umwälzungen hindurchführte.

Kaum eine andere Bibliothek war im vorigen Jahrhundert in gleich glücklicher Lage wie Göttingen. Meist fehlte es am Gelde, in anderen Fällen an Einsicht, Thatkraft oder den geeigneten Personen. In Berlin wurde der Königlichen Bibliothek erst gegen Ende der Regierung Friedrich II. eine ansehnlichere Jahresdotation bewilligt, aber das Ausleihen von Büchern, das seit langer Zeit streng auf einen sehr kleinen Kreis von Benutzern beschränkt gewesen war — unter Friedrich II. auf die Wirklichen Geheimen Räthe —, wurde 1783 nach der Uebersiedelung der Sammlung in den jetzigen Bau ganz untersagt. Dagegen war der Lesesaal mit grosser Liberalität seit 1734 täglich 6 Stunden, seit 1756 eine Stunde länger und seit 1783 im Winter 9, im Sommer gar 13 Stunden täglich geöffnet. Man neigte damals entschieden zum System der Präsenzbibliotheken, ging jedoch unter Friedrich Wilhelm II. (1786)

auf Antrag der K. Akademie der Wissenschaft, den der Minister Graf von Herzberg befürwortete, zu einer etwas milderen Praxis hinsichtlich der Bücherverleihung über, während man zugleich die Oeffnungszeit des Lesesaales wesentlich einschränkte. An Zahl der Bände (150000) übertraf sie dan als (1786) und wohl dauernd die Göttinger Bibliothek. Für ihre Katalogisirung geschah nichts wesentliches.

Die Umwälzungen, welche die französische Revolution und die daran sich anschliessenden Kriege über Deutschland brachten, blieben auch für das Bibliothekswesen nicht ohne wichtige Folgen. Vor allem wurde der Besitzstand der wissenschaftlichen Bibliotheken sehr stark verändert und ihre Zahl und Verfassung im ganzen so festgestellt, wie sie heutzutage erscheinen. Dass die mit den französischen Heeren eindringende französische Verwaltung aus den öffentlichen und Korporations-Bibliotheken mancherlei entführte (z. B. aus Koblenz und Zweibrücken) und namentlich die Mainzer Bibliotheken fast aller Kostbarkeiten beraubte, war ein empfindlicher Verlust. Noch wichtiger ist aber, dass mit den zahlreichen reichsunmittelbaren kleinen Staaten und Städten vielfach ihre Bibliotheken, gleich oder im Laufe der Zeit, verschwanden, d. h. theils einer grösseren Bibliothek einverleibt theils vom bisherigen Besitzer veräussert wurden. Nur wenige Sammlungen, wie die zu Donaueschingen (Fürstl. Fürstenbergische Hofb.), zu Fürstenstein in Schl. (der Fürsten von Pless), zu Maihingen in Bayern (Fürstl. Oettingen-Wallerstein'sche B.), zu Warmbrunn in Schl. (Reichsgräfl. Schaffgot'sche B) und zu Wernigerode (die fürstl. Stolberg-Wernigerode'sche B.), deren Besitzer sie nicht nur erhalten, sondern auch weiter entwickelt haben, machen eine anerkennenswerthe Ausnahme. In Korvey a. d. Wes. wurde sogar noch 1826 die sehr ansehnliche Bibliothek der Herzöge von Ratibor neu begründet.

Die Aufhebung der katholischen Stifter und Klöster in Preussen, Baden und Bayern, von denen einzelne, z. B. das Kloster von Polling in Bayern, mit rühmenswerthem Verständniss für ihre Bücher gesorgt hatten, ermöglichte weiter eine Ansammlung wichtiger Bücherbestände zu grossen Centralbibliotheken. Denn dazu war bereits längere Zeit entschieden Neigung und Richtung vorhanden gewesen. Das Vorbild der Königlichen Bibliotheken in Paris und Berlin und des in noch grösserem Rahmen angelegten Brittischen Museums sowie das Gedeihen der rasch aufgeblühten Göttinger Bibliothek luden dazu ein. In Breslau wurde 1810/12 der Plan zur Gründung einer Schlesischen Centralbibliothek ins Werk gesetzt und aus den Beständen jener Art eine Sammlung von rund 175—180 000 Bänden zusammengebracht. Die Verlegung der Universität Frankfurt a. d. O. nach Breslau (1811) gab der Gründung einen andern Charakter. In den andern Provinzen Preussens ging man in ähnlicher Weise vor. Zwei grössere Bibliotheken, nämlich die von Breslau und Königsberg, erhielten zugleich mit dem Bücherzuwachs einen allgemeineren Charakter und wurden zur Königlichen und Universitäts-Bibliothek. Anderwärts gründete oder vermehrte man aus jenen Beständen in der Hauptstadt die Landesbibliothek neben den in andern Städten bestehenden Universitätsbibliotheken: so in Hannover, Darmstadt, Karlsruhe, Kassel, München, Stuttgart.

Endlich räumte man in jener Zeit, in der radikale Umwälzungen äusserer Verhältnisse durchaus gewöhnlich waren, gründlich auf mit' der übergrossen Anzahl von Universitäten und ähnlichen Kollegien, die infolge der neuen Staatengruppirung oder der Gründung neuer Universitäten an günstiger gelegenen Centren entbehrlich erschienen. So wurden aufgehoben die Universitäten von Bamberg (1735—1803), Bützow (1760—1789), Dillingen (1552—1804), Duisburg (1655—1806), Ellwangen (1720 —1817), Erfurt (1378/92—1816), Helmstedt (1576—1809), Herborn (1584—1817), Köln (1388—1801), Mainz (1477—1798), Paderborn (1614—1819), Rinteln [vorher Stadthagen 1619] (1621—1809), Trier (1472—1798) und die Carls-Hohe-Schule in Stuttgart (1781—1794). Verlegt wurden sie von Altdorf (1623—1809) nach Erlangen, von Frankfurt a. O. (1506—1811) nach Breslau, von Ingolstadt (1471—1800) nach Landshut und 1826 nach München, von Wittenberg (1502—1815) nach Halle; dagegen neu begründet Berlin (1811) und Bonn (1818). Die Bibliotheken theilten natürlich im ganzen das Schicksal der Hochschulen, zu welchen sie gehörten, nur dass bei ihnen nicht Aufhebung, sondern meist Zuweisung an eine andere Bücherei eintrat. Manche eingreifende Aenderung, welche die westfälische Regierung theils vorgenommen, theils erst vorbereitet hatte, wurde nach 1813 wieder rückgängig gemacht. So musste Göttingen, für dessen Universität und Bibliothek sich König Jérome sehr interessirt hatte, 1814 und später die auf seinen Befehl früher einverleibten Bibliotheken von Braunschweig (Stift St. Blasii), Halberstadt, Hildesheim (Dom-B.), Magdeburg (Domstiftsb.) u. a., grösstentheils auch die von Helmstedt herausgeben. Die 58 vollen Kisten, welche aus der zur Auflösung bestimmten Wolfenbütteler Bibliothek bereits nach Göttingen versandt waren, wanderten 1814 unausgepackt wieder dorthin zurück.

Im Ganzen haben die wissenschaftlichen Bibliotheken Deutschlands ihren Charakter und die alten Bestände, wie sie sie in den ersten zwei Dezennien dieses Jahrhunderts besassen oder erhielten, mit sehr wenigen Ausnahmen nicht mehr geändert. In dieser Hinsicht waren die umwälzenden Ereignisse, welche zuerst im Lande westlich des Rheins sich abspielten, von bestimmendem Einfluss auf unsere deutschen Bibliotheken gewesen; neu trat in Berlin 1831 die Universitätsbibliothek ins Leben. Nicht dasselbe lässt sich von ihrer Verwaltung und den Bibliothekseinrichtungen sagen. Zwar in einem Punkte war zugleich mit jenen Ereignissen ein Umschwung eingetreten. Man sah von selbst die aus den verschiedensten Quellen zusammengebrachten oder doch vermehrten Bibliotheken nicht mehr als den alleinigen Privatbesitz des einzelnen Fürsten oder der Korporation an, mit der sie gerade verbunden waren, sondern die Idee der Oeffentlichkeit und die Ueberzeugung, dass die grossen Büchersammlungen über die nächstliegenden Zwecke hinaus auch dem allgemeinen Nutzen dienen sollten, brach sich immer mehr Bahn. Einen Ausdruck dieses Gedankens darf man u. A. in dem Versuche sehen, das Publikum über die jährlichen Erwerbungen der staatlichen Bibliotheken zu unterrichten, was in Preussen durch einen Erlass des J. 1835 angeordnet wurde. Wenn die Berliner Königliche B. nur für die Jahre

1835—39 Zugangsverzeichnisse veröffentlichte und Bonn, Breslau, Greifswald, Halle und Königsberg auch nicht sehr lange damit fortfuhren, so lag der Grund in der ›auffallend geringen Theilnahme des Publikums,‹ auf das es eben bei der Massregel abgesehen war. Nachahmung fand das Vorgehen in Göttingen (1854—68) und in Tübingen. An letzterem Ort hat die Bibliothek (seit 1853) den Druck der Jahresverzeichnisse fortgesetzt bis zum J. 1881 und seit 1854 daneben auch Theile des systematischen Katalogs im Druck erscheinen lassen. Fürs erste hatte jedenfalls jene Wendung noch nicht viel zu bedeuten. Die Bibliotheken theilten das Schicksal der Korporationen und Institute, mit denen sie verknüpft waren, und litten gleich diesen unter der allgemeinen Ermattung, welche nach den Drangsalen und Aufregungen der Napoleonischen Zeit und dem Aufschwung der Befreiungskriege eingetreten war, sowie unter der Kargheit der Geldmittel, welche für Bildungszwecke zur Verfügung standen. Der Zuschnitt der Verwaltung war daher fast überall, wenn wir vielleicht von einzelnen Hof- und sehr wenigen Universitätsbibliotheken absehen, ein ganz beschränkter. Indess ruhte auch damals nicht die stille, fruchtbare Arbeit der Bibliotheksbeamten. Fast überall wurden der Neugestaltung der Dinge entsprechend neue Bibliotheksordnungen erlassen, vor allem aber neue Kataloge in Angriff genommen und, wenn auch z. Th. in sehr langsamem Tempo, ausgeführt Hierbei und bei der gesammten Organisation der Bibliotheken treten trotz der grössten Mannigfaltigkeit im Einzelnen doch gewisse übereinstimmende Grundzüge deutlich hervor. Jene ergab sich aus der politischen Zersplitterung Deutschlands und der damit zusammenhängenden Neigung zum Partikularismus, zum Theil aber auch aus dem Umstand, dass die meisten Bibliotheken von Bedeutung Universitätsbibliotheken waren, fast ausschliesslich von Universitätslehrern verwaltet wurden und Theil hatten an dem den Universitäten zustehenden Maasse von Unabhängigkeit und Freiheit. Dass diese bunte Verschiedenheit und Ungebundenheit für das deutsche Bibliothekswesen ausser offenbaren Schäden doch auch wesentliche Vorzüge mit sich führte und namentlich die Möglichkeit bot mit ganz abweichenden Einrichtungen Erfahrungen zu sammeln, darf man nicht verkennen. Jedenfalls wäre in dem damaligen unfertigen Zustande fast aller Bibliotheken eine Centralisirung und Gleichmachung höchst bedenklich gewesen. Gemeinsam waren auf der anderen Seite unseren grossen Bibliotheken, infolge der gemeinsamen Grundlagen, der gleichartigen Entwickelung unter ähnlichen Verhältnissen, der im wesentlichen gleichen Bedürfnisse und der natürlich von Ort zu Ort reichenden Nachahmung, die besondere Fürsorge für gelehrte oder doch vorwiegend wissenschaftliche Studien bei der Vermehrung, die sachliche Anordnung und Aufstellung der Bücher, von der nur wenige jener Bibliotheken absehen, die Gewährung freien Eintrittes in die Büchersäle an gewisse bevorzugte Benutzerklassen, welche z. Th. jene Bücheraufstellung zur Voraussetzung hat, die ganz vorwiegende Berücksichtigung der häuslichen Bücherbenutzung und dementsprechend eine geringe tägliche Oeffnungszeit und vielfach ungenügende Lese- und Arbeitsräume für das Publikum. Indess noch eine andere wichtige Folge hatte der vorwiegend streng wissenschaftliche Charakter der Vermehrungen mit der systematischen Bücheraufstellung auf der einen, und die sehr starke Bevorzugung des Ausleihverkehrs gegenüber der Lesesaalbenutzung auf der andern Seite, dass nämlich für erstere Zwecke fast allein wissenschaftlich vorgebildete Beamte verwendbar, für letztere Zwecke aber ein wenig zahlreiches Unterpersonal ausreichend war. Wurde doch, um nur ein Beispiel anzuführen, in letzterer Hinsicht an der Königlichen B. in Berlin erst im J. 1748, als sie seit langem bereits zwei Bibliothekare hatte, ein Jahresgehalt für einen Diener bewilligt. Die Vorzüge und Mängel des deutschen Bibliothekswesens, die bis zu einem gewissen Grade ihm noch in der Gegenwart zu eigen sind, tragen somit schon ein altes Datum.

Massgebend für die innere Entwickelung der Bibliotheken waren fast nur die Hof- und die Universitätsbibliotheken, da es nur im Bereiche dieser beiden Klassen genügende Anregung gab, um ein Einrosten der Verwaltung zu verhindern. Beiden Klassen ist, namentlich in Bezug auf die Büchervermehrung, eine gewisse Einseitigkeit eigen, die auf den fest umgrenzten Zwecken beruht, für welche sie bestimmt sind. Obschon diese

Grenzen bei den Universitätsbibliotheken vielleicht noch engere sind als bei Hofbibliotheken, boten jene doch, wenn wir von den grössten der allgemeinen Landesbibliotheken. in Berlin, München, Dresden, Stuttgart u. s. w. absehen, eine sichrere Gewähr lebendiger Entwickelung, schon weil sie bestimmt vorliegenden und drängenden Bedürfnissen genügen mussten im Wettkampfe der Universitäten und weil an letzteren sich bei de. engen Verbindung der Universitäten mit ihren Bibliotheken leichter Leute fanden, die auch ohne unmittelbare Stellung zur Bibliothek auf diese einen fördernden Einfluss ausüben konnten. Auf solche Anregungen ist es zurückzuführen, dass schon im J. 1817 eine Regelung des Schriftenaustausches der deutschen Universitäten und einiger ausländischer (damals Krakau, Dorpat, Lund und Warschau) stattfand. Marburg wurde bei der Gründung des Vereins die Stelle als Vorort zu Theil, eine Würde, die gegenwärtig ohne Bedeutung ist.

Im Uebrigen verliefen die nächsten vier bis fünf Dezennien nach dem Friedensschluss von 1815 ohne lebhaftere Regung auf dem Gebiete des deutschen Bibliothekswesens. Insbesondere lässt sich nicht erkennen, dass die grossartige Reorganisation, welche seit 1837 die Bibliothek des Brittischen Museums durch Antonio Panizzi (damals *Keeper of the Printed Books*) erfuhr, von grösserem Einfluss auf unsere Bibliotheken gewesen sei. Wie vordem waren hier, wenn wir von München absehen, wo im J. 1858 die Bibliothek des französischen Orientalisten Et. M. Quatremère für 340000 fr. angekauft wurde, ferner von Berlin (Kön. B.), wo besonders unter Friedrich Wilhelm IV. verhältnissmässig reiche Mittel für die Sammlung verwendet wurden und u. A. die von Meusebach'sche Bibliothek (36000 Bde zum Preise von 30000 Thlr.) als Geschenk des Königs in sie gelangte, und noch Göttingens und Dresdens Erwähnung thun, die Geldmittel nach allen Seiten hin, für sachliche und persönliche Ausgaben, so überaus knapp bemessen, dass zu durchgreifenden Veränderungen, die natürlich Geld erforderten, kaum der Gedanke aufsteigen durfte. Es galt noch lange Zeit als oberster Grundsatz, mit wenigen Mitteln möglichst vieles zu leisten. Eine gross angelegte Unternehmung allgemeinen Charakters, zu welcher G. H. Pertz, der Leiter der Königlichen B. in Berlin, die Anregung gab, macht allerdings eine Ausnahme und verdient Erwähnung. Gestützt auf einen Erlass des Ministers Eichhorn vom 1. Dez 1844 suchte diese Bibliothek in den Besitz eines vollständigen Verzeichnisses sämmtlicher in Preussen vorhandenen Handschriften bis zum 15. Jahrh. zu kommen. Durch Verhandlungen mit Universitäts- und Staatsbibliotheken und mit Hülfe zweier Erlasse des Unterrichtsministeriums vom 4. Juli und 30. Okt 1846 an sämmtliche Provinzial-Schulkollegien, bezw. Regierungen und an die Provinzialarchive gelang es ihm auch die Vorstände staatlicher, öffentlicher und Korporations-Bibliotheken jeder Art in weitem Umfange zur Einsendung der gewünschten Verzeichnisse zu veranlassen. Nach Provinzen geordnet, bilden sie seit 1851 in einer Sammlung von 8 Bänden ein sehr nützliches, wenn schon wenig gekanntes und natürlich auf den lokalen Gebrauch beschränktes bibliographisches Hülfsmittel der Königlichen Bibliothek. Die Bearbeitung der *Monumenta Germaniae historica* war es gewiss zunächst, welche Pertz als Leiter ihrer Herausgabe durch jene Katalogarbeiten fördern wollte. Eine mehr nach ihrem Inhalt und wissenschaftlichen Werth als in allgemein organisatorischer Hinsicht hervorragende Leistung waren Joh. Andr. Schmeller's Arbeiten für die Handschriftenkatalogisirung der Hof- und Staatsbibliothek zu München, welche mit ihren besonders 1803 bis 1809 durch die Aufhebung der Klöster sehr bereicherten Handschriftenschätzen (zur Zeit über 40000 Bände = c. 26000 Nummern) unter den deutschen Bibliotheken bei weitem den ersten Rang einnimmt. Während der Jahre 1829—52 führte er die Ordnung und ausführliche Beschreibung von etwa 27000 Handschriften aus und legte auf c. 100000 Blättern einen Realkatalog über deren Inhalt an, die sogen. Repertorien, unter welchen sich auch der überaus nützliche Initien-Index befindet. Diese Arbeiten bildeten die Grundlage der bald nachher durch den Bibliotheksdirektor Prof. K. Halm mit Hülfe zahlreicher Gelehrter in Angriff genommenen, von seinem Nachfolger K. Laubmann fortgesetzten und von 1858—81 im wesentlichen beendigten Drucklegung des Handschriftenkataloges. Sehr viel früher bereits (1832—43) hatte der kunstliebende König Ludwig I. dieser Bibliothek zugleich mit dem k. bayer. Reichsarchiv in einem Monumentalbau ein würdiges Heim geschaffen. Endlich darf ich nicht unterlassen, aus dem Anfang dieser Epoche noch Friedr. Ad. Ebert's (1791 – 1834) zu gedenken, der an verschiedenen Bibliotheken, in Leipzig, Wolfenbüttel (1823 – 25 Oberbibliothekar) und Dresden (seit 1828 als Oberbibl.) thätig, in der Praxis zwar bei der Kürze seines Lebens weniger eingreifend wirken konnte, sich aber sowohl durch sein noch immer sehr brauchbares, aus den Quellen gearbeitetes bibliographisches Lexikon (1821 u. 27) wie besonders durch seine Schriften über die Bibliotheksverwaltung, aus welchen eine hohe, begeisternde Auffassung von seinem Berufe spricht, dauernde Verdienste erworben hat.

Auch sonst fehlte es, wie schon angedeutet, an den Bibliotheken gewiss ebenso wenig an einzelnen tüchtigen Beamten, welche ihr Amt mit Eifer und Geschick versahen, wie an grösseren und nützlichen Arbeiten, welche zur Ausführung gelangten: neue Realkataloge (in Berlin durch Pertz, in Breslau durch Unterholzner, in Leipzig durch Hartenstein und Gersdorff, in München durch Föringer, in Hamburg durch Petersen und Isler, sowie anderwärts) und Spezialkataloge von Handschriften oder Inkunabeln wurden ausgearbeitet. Aber diese Arbeiten entbehrten des allgemeineren Interesses und der Wirkung auf das gesammte Bibliothekswesen. Die Verbindung des bibliothekarischen Amtes mit einem akademischen, wie sie damals ganz üblich war, war ohne Zweifel, insofern vom Bibliotheksbeamten gründliche Kenntnisse auf einem nicht zu engen Wissensgebiete zu verlangen sind, auch für die Bibliotheken werthvoll und jedenfalls war sie billig. Auf die Dauer aber und im Ganzen erwies sich die Einrichtung als grösseren Fortschritten hinderlich. Einmal gaben bei der Wahl der Personen meist andere Rücksichten den Ausschlag als die auf Tüchtigkeit und Verwaltungsgeschick der in Frage kommenden Personen: für leitende Stellen suchte man vor allem nach namhaften Gelehrten und that dabei nicht selten starke Missgriffe; in die andern Stellen brachte man oft Leute, die als Dozenten wenig Erfolg hatten und einer materiellen Hülfe bedurften. Sodann aber hatte die Doppelung der Aemter die übele Folge, dass häufig eines von ihnen, und zwar in der Regel das bibliothekarische als Nebensache betrachtet wurde und die Beamten, um für die Lehrthätigkeit und wissenschaftlichen Arbeiten Zeit zu behalten, jeder Vermehrung der öffentlichen Dienststunden, ja selbst Anträgen auf Erhöhung des Bücherfonds widerstrebten aus Furcht vor der für sie daraus sich ergebenden Mehrarbeit Wohl in richtiger Erwägung dieser Verhältnisse war man schon im J. 1850 an der Universitätsbibliothek zu Würzburg von der alten Gewohnheit abgegangen und hatte den Fachbibliothekar Dr. theol. Ant. Ruland an die Spitze des Institutes gestellt, doch war dies Vorgehen unbeachtet geblieben und hatte jedenfalls für längere Zeit keine Nachahmung gefunden.

Zunächst ging jedenfalls ein wesentlicher Fortschritt im Bibliothekswesen von den Leistungen eines hochberühmten akademischen Lehrers an der Spitze einer Universitätsbibliothek aus. Ich meine Friedrich Ritschl, der als Leiter der Bonner Universitätsbibliothek (1854 bis 1865) diese, die damals etwa 120 000 Buchbinderbände umfasste, einer durchgreifenden Neuordnung unterzog. Eindringender Scharfblick und lebhaft drängendes Temperament vereinigten sich in ihm mit ordnendem Sinn, fruchtbaren Gedanken und praktischem Takt. Das Vorbild der alexandrinischen Bibliothekare, deren Schöpfung er ja in einem eigenen Buche (1838) dargestellt hatte, wirkte gewiss bestimmend auf ihn bei Annahme und Führung jenes Amtes. Mit verhältnissmässig wenigen Beamten, zu denen später Prof. Schaarschmidt, der gegenwärtige Leiter jener Bibliothek, und Dr. Ant. Klette zählten, jedoch mit zahlreichen freiwilligen Hülfskräften wurde der ganze Zettelbestand des alphabetischen Katalogs vervollständigt und geordnet, es wurden neue Sachkataloge ausgearbeitet und der Bücherbestand in sachlicher Anordnung (in zwei Formatklassen) aufgestellt. In Bezug auf die Numerirung der Bücher schloss sich Ritschl dem Göttinger System an, für die Signirung indess wurden mit Recht Buchstaben der Sachbezeichnung vorgezogen. Wie in Berlin (Kön. B.) wurde jeder Abtheilung des Sachkataloges ein eigenes alphabetisches Register der Titel beigegeben (alphabetische Fachkataloge). Ihr Nutzen wiegt indess wohl die Mühe der Arbeit nicht auf und sie haben es jedenfalls nicht verhindert, dass ein durchgehendes alphabetisches Repertorium sich als nöthig herausstellte und 1882 (unter Schaarschmidt) in Angriff genommen wurde. Für die Zettel des alphabetischen Katalogs, den Ritschl zu einem einheitlichen umgestaltete, führte er den Gebrauch festen Kartons ein und ihre Aufbewahrung in Schubläden, übrigens ohne Schutzvorrichtung. Die Leichtigkeit des Einschaltens und Aenderns bei dieser Form des Zettelkataloges sowie das Ansehen, welches Ritschl's Bibliotheksordnung lange Zeit genoss, bewirkten, dass später an nicht wenigen Bibliotheken gerade diese Form nachgeahmt wurde.

Nicht das kleinste Verdienst endlich der Ritschl'schen Reorganisation war, dass die Bibliotheken ausgesprochenermassen in den Dienst der Benutzer gestellt, dass neben Aufrechterhaltung einer strengen und für Manche sehr empfindlichen Ordnung die grösste Liberalität geübt wurde, wo es galt wissenschaftliche Zwecke zu fördern. Darin ist auch der Grund des grossen Erfolges zu sehen, dessen seine Organisationsarbeit sich rühmen konnte. Wie vielseitig anregend sie wirkte, namentlich auch in Personenfragen, kann hier nicht näher ausgeführt werden. Aber es trat gerade, wenn man jenes Prinzip betonte, deutlich hervor, dass die bisherige Vereinigung zweier verschiedener Aemter, des vollen akademischen Lehramtes und des bibliothekarischen, sich schwer dabei ausführen lasse. Auch von Ritschl's wissenschaftlichem Personal haben zwei Beamte lediglich dem bibliothekarischen Berufe leben können. Und diese Nothwendigkeit musste je länger je mehr hervortreten, da die Bibliotheken von Jahr zu Jahr wuchsen, die Anschaffungsfonds und die Anforderungen an ihre Leistungen auch von seiten der Benutzer entsprechend zunahmen. Man fing daher gerade infolge einer idealeren Auffassung von den Pflichten dieses Berufes an, die Verbindung der zwei Aemter für unvereinbar zu halten, zumal nicht Jeder über eine Arbeitskraft, einen weitschauenden Blick und ein persönliches Ansehen verfügte wie Ritschl, und selbst dieser erklärt haben soll, dass sein Oberbibliothekariat der Vollendung mancher wissenschaftlichen Pläne hinderlich gewesen sei. Dass man in Würzburg dies schon früher (1850) erkannt hatte, wurde bereits bemerkt (s. S. 25). Die nächste Universität, die sich zu einem Bruche mit der Vergangenheit entschloss und einen bibliothekarischen Fachmann an die Spitze ihrer Bibliothek berief, war Jena. Anton Klette, Ritschl's langjähriger Mitarbeiter bei der Reorganisation der Bonner Bibliothek, wurde leitender Bibliothekar (1870). Eine Broschüre, die bald darauf (1871) anonym erschien und A. Klette zum Verfasser hatte, trat sehr entschieden und überzeugend für die neue Anschauung ein. Der Erfolg blieb nicht aus. In Freiburg i. Bad. trat der o. ö. Professor der Philologie Wilh. Brambach, welcher 1867 Oberbibliothekar im Nebenamt geworden war, von diesem 1870 freiwillig zurück und setzte eine entsprechende Statutenänderung durch, infolge deren Aug. Wilmanns leitender Bibliothekar wurde. Ein weiterer sehr wichtiger Schritt in der gleichen Richtung geschah bald darauf in Strassburg. Hier hatte K. Aug. Barack, Bibliothekar der Fürstl. Fürstenbergischen Bibliothek zu Donaueschingen, sich um die Neubegründung der im J. 1870 (Nacht vom 24/25. Aug.) in Flammen aufgegangenen Bibliothek unvergessliche Verdienste erworben. Was lag näher als dass er mit der Leitung der neuen Anstalt betraut wurde? Von allen Seiten mit Eifer gefördert, überflügelte sie unter ihm rasch die meisten der älteren Schwesterbibliotheken an Umfang und weitreichender Wirksamkeit.

In Preussen wurde 1872 unter dem Ministerium Falk der erste Versuch gemacht mit dem neuen Prinzip: Achenbach, damals Unterstaatssekretär im Unterrichtsministerium, schenkte dem Bibliothekswesen besonderes Interesse. Der Schreiber dieser Zeilen, der zuvor in Freiburg Nachfolger von Wilmanns gewesen war, wurde zum Oberbibliothekar der Königlichen und Universitätsbibliothek in Breslau ernannt; gleichzeitig wurden dort auch alle andern Stellen, welche bis dahin akademische

Lehrer eingenommen hatten, mit Fachbibliothekaren besetzt. Die günstige Finanzlage des Staates gestattete diese einschneidenden Aenderungen, ohne den ausscheidenden Professoren zu nahe zu treten. An andern Bibliotheken Preussens und anderer deutscher Staaten geschah mehr oder weniger schnell und durchgreifend dasselbe: so in Heidelberg (1873) mit Prof. Zangemeister, in Giessen (1873) mit Prof. Noack, in Berlin (Un.-B. 1874) mit Dr. W. Koner, in Würzburg (1875) mit Dr. Laubmann (seit 1878 in München Direktor der Hof- u. Staats-B.), in Kiel (1876) mit Dr. Steffenhagen, in Halle (1876) mit Dr. O. Hartwig, in Münster i. W. (1876) mit Dr. Jos. Staender (seit 1882 in Greifswald und seit 1886 in Breslau), in Erlangen (1878) mit Dr. Zucker an der Spitze. Auch in Königsberg (1874) und Göttingen (1875) war Oberbibliothekar Aug. Wilmanns nur im Nebenamt zugleich Professor, ähnlich wie Oberbibliothekar Prof. Schaarschmidt (1881) in Bonn. Von den der Leitung unterstellten Beamten, für welche sich damals in Preussen die Bezeichnung Kustoden festsetzte, gilt das Nämliche. Nur in Leipzig neigte man — wohl prinzipiell — dem entgegengesetzten Verfahren zu.

Dass man im ganzen in den nächstbetheiligten Benutzerkreisen mit der Neuordnung der Dinge zufrieden war, darf wohl behauptet werden, obschon in Jena selbst, wo Ant. Klette 1879 aus persönlichen Gründen zurückgetreten war, zunächst ein gewisser Rückschlag erfolgte. Wenn auf der andern Seite manche Universitäten, welche noch keine Bibliothekskommissionen hatten, auf deren Bestellung drangen, um durch sie die besonderen Interessen der Universität in der Bibliotheksverwaltung zu wahren und die Verbindung der Körperschaft mit ihrem wichtigsten allgemeinen Institute zu erhalten, so werden einsichtige Vorsteher einer Bibliothek dieser durchaus gerechten und dem modernen Prinzip. der Interessenvertretung entsprechenden Einrichtung sich nicht missgünstig gegenüber stellen. Nur müssen die Kompetenzen beider Theile in der Weise richtig abgegrenzt sein, dass die Bibliotheksverwaltung nicht in der Exekutive, die Kommission nicht in dem Einblick in diese und in der Möglichkeit steter Anregung beschränkt ist. Die eifrige Ver-

waltung kann und wird meist noch vor der Universitäts-
vertretung Mängel und Lücken erkennen und soweit möglich,
von sich aus auf ihre Abhülfe bedacht sein, andernfalls an der
Kommission eine wirksame Stütze nach den verschiedenen
Seiten hin haben. In Freiburg i. Bad. trat die Kommission infolge der richtigen Initiative der Verwaltung so wenig ernstlich
in Function, dass sie 1888 trotz ihrer früheren weitgehenden
Befugnisse einstimmig ihre eigene Auflösung beantragte und
erreichte. Anderwärts, z. B. in Breslau und Berlin (Un.-B.),
wurde von den nämlichen Vertretungen selbst eine Verminderung
der Zahl ihrer Sitzungen beantragt. Zur Zeit bestehen Bibliothekskommissionen in Deutschland an allen Universitäten mit
Ausnahme von Bonn, Freiburg, Heidelberg, Münster, Tübingen
und Würzburg. Süddeutschland ist also unter den Ausnahmen
vorwiegend vertreten.

Die neue Ordnung erwies zunächst sich für die Benutzer
segensreich in einer wesentlichen Vermehrung der Geschäfts
stunden, in einer wesentlich grösseren Rücksichtnahme auf
die Bedürfnisse der Studenten und endlich in der zeitgemässen
Umarbeitung der vielfach veralteten Kataloge, zu der bisher
die Zeit der nur nebenamtlich beschäftigten Bibliotheksbeamten
nicht ausgereicht hatte. Die beiden ersten Punkte fanden in
neuen Reglements und Benutzungsordnungen Ausdruck, welche
zum grössten Theile aus den nächsten Jahren nach 1871 stam-
men. Für Katalogisirungszwecke wurden an nicht wenigen
Bibliotheken, besonders in Preussen, ausserordentliche Mittel
flüssig gemacht. In Breslau stellte die Verwaltung in den
Jahren 1874 bis 1882 mit einem Kostenaufwand von rund
35000 M. einen neuen alphabetischen Zettelkatalog her, im
Aeusseren der Zettel wesentlich nach dem Bonner System.
Seine Ergänzung durch die Programmenlitteratur wurde später
vorgenommen. Die Aufbewahrung der Zettel erfolgte in Schubläden (von Stehpulten), die von oben durch ein in Frankreich
schon früher gebräuchliches Gitter von dünnen Metallstäben
gegen das Herausnehmen der Zettel gesichert wurden. In
Halle erfuhr die Verwaltung durch seinen gegenwärtigen Leiter
ausser einer Umgestaltung der Verwaltung, wie sie wohl überall

an den durchgreifenden Personenwechsel sich anschloss, eine völlige Neukatalogisirung (1876 bis 1888), deren Ergebniss ein Realkatalog in Bänden und zwei übereinstimmende Exemplare eines alphabetischen Zettelkatalogs nach dem Marburger System (zusammengeschnürte Zettelpackete, die in Kapseln stecken) sind. Von letzteren steht eines im Lesesaal für das Publikum zur Verfügung, das andere dient für den Gebrauch der Beamten. Gleiche Arbeiten wurden an anderen Bibliotheken theils angefangen (z. B. Königsberg), theils durchgeführt (z. B. Greifswald, Münster).

Inzwischen hatte die lebhafte Bewegung auf dem Gebiete des Bibliothekswesens längst auch andere als Universitätsbibliotheken ergriffen. In Karlsruhe i. Bad. wurde 1872 aus der Hofbibliothek eine Hof- und Landesbibliothek, deren veränderte Bestimmung damit anerkannt war. Rasch erhielt sie unter der Leitung des neuen Oberbibliothekars Dr. Wilh. Brambach (s. S. 27) ausser vier handschriftlichen Katalogen, unter denen sich auch — für Deutschland eine Seltenheit — ein Realrepertorium befindet, gerade im Interesse der auswärtigen Benutzer einen gedruckten alphabetischen Katalog von musterhafter Knappheit und entwickelte auch seitdem unausgesetzt eine fruchtbare Thätigkeit durch bibliographische Publikationen. Einige Stadtbibliotheken jüngeren Datums, ich denke vor allem an die Murhard'sche zu Kassel (unter Dr. Uhlworm) und an die zu Köln (unter Dr. Keysser), begannen im gleichen Zeitraum eine lebhafte und z. Th. originelle organisatorische Thätigkeit, während andere Bibliotheken ihre vorhandenen Einrichtungen ausbauten. Mehrfach gingen sie übrigens dabei von alphabetischen Bandkatalogen zu Zettel katalogen über, z. B. die Hamburger Stadtbibliothek. Ganz eigenartig ist die Einrichtung der Kön. Oeffentlichen B. in Stuttgart, wo die Bücher in 80 verschiedenen sachlichen Abtheilungen untergebracht und in diesen alphabetisch ohne Numerirung aufgestellt sind. Ebenso sind die Titel in dem einzigen Katalog von rund 600 Bänden verzeichnet, neben welchem an einem alphabetischen Stichwortregister gearbeitet wird. In Berlin zeigten sich die einflussreichen Kreise zunächst der neuen

Bewegung anscheinend wenig geneigt und diesem Umstande ist es wohl zuzuschreiben, dass an der Königlichen B. nach Pertz' Rücktritt (1873) nicht ein bibliothekarischer Fachmann, sondern wieder ein Gelehrter von höchstem Ansehen, Prof. Lepsius, sein Nachfolger wurde, dass aber auch die von vielen Seiten gewünschte Reorganisation dieses Institutes sich hinauszog. Endlich wurde in dieser Zeit lebhafter, z. Th. begeisterter Thätigkeit der Grund zu einigen bedeutenden Spezialbibliotheken in Deutschland gelegt, zunächst zu der des deutschen Reichstages in Berlin, welche bestimmt ist, Staatswissenschaften, Politik und Geschichte in weitem Umfang und mit ansehnlichen Mitteln (30000 M. Vermehrungsfonds) zu pflegen, und zu deren Leitung Dr. Potthast berufen wurde: ferner zu der in mancher Beziehung noch wichtigeren Bibliothek des deutschen Reichsgerichts in Leipzig (1879; Vorsteher Prof. Dr. K. Schulz). Eine ältere Schöpfung (1735) ist die für alle Staats- und Handelswissenschaften, Geographie und Reisen, neue Geschichte und Hamburgensia sehr reichhaltige Kommerzbibliothek in Hamburg, die den dortigen Bedürfnissen in hohem Masse entspricht und stark benutzt wird. Alle drei hier genannten Bibliotheken sind im Besitze trefflicher gedruckter Kataloge über ihre Bestände.

Eine Seite ist noch besonders hervorzuheben, nach welcher die seit dem glücklichen Ausgange des Krieges von 1870/71 wirksam sich ausbreitende, wenn auch schon länger vorbereitete Neugestaltung des deutschen Bibbliothekswesens ihre Thätigkeit entfaltete, nämlich das Gebiet der Bibliotheksbauten. Die Erfahrungen und Einrichtungen des Brittischen Museums dienten dabei natürlich meist als Muster. Innerhalb Preussens wurde, von kleineren Umbauten abgesehen, 1878/80 in Halle ein Neubau mit Magazinirungssystem (durchbrochene Fussböden) ebenso sparsam wie zweckmässig hergestellt. Es folgte Greifswald (1882) nach dem gleichen System; Kiel (1881/83), Göttingen (1879/83) mit einem neuen Flügel im Galleriesystem und mit sehr zweckmässigem Lese- sowie Katalogzimmer; Bonn (1892) mit einem vollständigen Umbau, während für Königsberg und Marburg Neubauten für die nächste Zeit geplant sind. Von ausserpreussischen Neubauten erwähne ich Rostock (1866/69), Karlsruhe (1873), Stuttgart (1882/85), Wolfenbüttel (1887), Breslau (Stadtb. 1891), Leipzig (1891) und Strassburg (noch nicht bezogen), endlich die Stadtbibliotheken zu Augsburg (Neubau) und Frankfurt a. M. (An- und Umbau), beide noch unvollendet. Im ersten Dezennium nach dem Kriege wurden überdies an den meisten Bibliotheken die sachlichen Fonds, was unerlässlich war, sehr wesentlich verstärkt, die Gehälter der Beamten erhöht und ihre Zahl vermehrt. Damit wären in kurzen Umrissen die Fortschritte dargelegt, welche in jenem Zeitraume, der nur in Bezug auf die Bauten bereits bis auf die neueste Zeit weiter behandelt wurde, die staatlichen Bibliotheken Deutschlands machten. Im Einzelnen zunächst suchte damals die staatliche Leitung nach Kräften zu fördern und zu bessern. In Bezug auf Prinzipienfragen huldigten in Preussen das Ministerium Falk mit dem Dezernenten GOR. Dr. Göppert im Ganzen wohl dem Grundsatze, Fachbibliothekare an Stelle der akademischen Lehrer in die Beamtenstellen zu bringen; sonst blieb es Schritten zu einer allgemeinen Organisation des Bibliothekswesens möglichst fern. Die Selbständigkeit und Unabhängigkeit der einzelnen Universitäten wurde traditionell auch auf die einzelnen Bibliotheken, die meistens ja zu Universitäten gehörten, übertragen. Doch fehlte es nicht ganz an einzelnen und zwar sehr zweckmässigen centralisirenden Massregeln. Einmal kam auf Anregung der deutschen Philologenversammlung von 1872 und mit Hülfe des preussischen Unterrichtsministeriums ein Abkommen zwischen den deutschen höheren Schulen und der Verlagsbuchhandlung B. G. Teubner in Leipzig zu Stande, nach welchem diese seit 1875 den jährlichen Austausch der Jahresberichte jener Schulen nebst ihren Abhandlungen unter den Schulen selbst, sowie mit den Hochschulen, den Behörden usw. vermittelt und so zur Centralstelle für diesen Schriftenaustausch geworden ist. Für Bayern und Deutsch-Oesterreich erhielt das Abkommen, wenigstens soweit die Universitätsbibliotheken dabei betheiligt sind, gleiche Gültigkeit. Auf demselben Gebiete liegt der im J. 1881 durch

Vermittelung der deutschen und französischen Regierung — auf Anregung der letzteren — zwischen den Universitäten beider Länder behufs regelmässigen Austausches ihrer Schriften abgeschlossene Vertrag, welchem später auch noch verschiedene Universitäten anderer Länder beigetreten sind. Sonst wurde zwar noch im J. 1882 die Frage einer einheitlichen und umfassenden Bibliotheksstatistik vom Ministerium aufgeworfen und eingehende Entwürfe zur Begutachtung versandt; doch folgte es darin anscheinend mehr einer äusseren Anregung, und da die Berichte sehr verschieden und zum Theil abweisend lauteten, so wurde der Sache keine weitere Folge gegeben und hatte wieder nur im Einzelnen das Ergebniss, dass manche Bibliotheken seit jener Zeit der Sammlung statistischen Materials grössere Aufmerksamkeit schenken, aber für sich allein und ohne Uebereinstimmung mit den Schwesteranstalten in Bezug auf die Grundlagen.

Das Bedürfniss einer grösseren Annäherung der verschiedenartigen und mannigfaltigen Verwaltungspraxis und somit einer mässigen Centralisirung innerhalb der einzelnen Staaten, wo sie ja allein durchführbar ist, bestand und besteht noch gleichwohl unzweifelhaft. Es besteht im Interesse der Beamten, die bei jeder Versetzung sich an der andern Bibliothek in neue Gewohnheiten und Grundsätze einzuarbeiten haben, im Interesse der Bibliotheksverwaltung, deren Stetigkeit und Sicherheit durch jeden Personalwechsel für einige Zeit gefährdet wird, endlich auch im Interesse der Benutzer, die sich gleichfalls an jedem neuen Orte — und in akademischen Kreisen tritt Ortswechsel ja sehr häufig ein — an anders geführte Kataloge u. dergl. gewöhnen müssen. Einen wichtigen Schritt zur Vorbereitung grösserer Einheit, zum Nachweis ihrer Nützlichkeit und zur Klärung vieler verschiedener und z. Th. schroff gegenüberstehender Ansichten in Bibliotheksangelegenheiten bedeutete die auch sonst einem dringenden Bedürfniss entsprechende Gründung des Centralblattes für Bibliothekswesen, welches seit 1884 von O. Hartwig, dem Hallenser Oberbibliothekar, herausgegeben wird. Während der zwei ersten Jahre stand ihm Prof. K. Schulz, Bibliothekar des Kais. Deutschen Reichsgerichtes in Leipzig, in der Redaktion zur Seite. Vor allem aber ist es das Verdienst der preussischen Unterrichtsverwaltung, insbesondere des Dezernenten für Universitätsangelegenheiten GOR. Dr. Althoff, nach dieser Seite hin den vielfach in Bibliothekskreisen selbst empfundenen Bedürfnissen und aus diesen Kreisen gegebenen Anregungen entsprochen und organisirend eingegriffen zu haben.

In Bezug auf Personalia wurde das Aufrücken sämmtlicher wissenschaftlicher Beamten der Universitätsbibliotheken innerhalb einer einzigen Reihe etatsmässig möglich gemacht und dadurch einer grossen Ungleichmässigkeit im Avancement abgeholfen (1889). Auch in Betreff der Assistenten (etatsmässige Hülfsarbeiter) und der Volontäre sind neuerdings die Grundsätze einer gleichmässigen Anciennetät für die Zwecke der Behörde festgesetzt worden.

Nach dem Tode von Lepsius (1884) geschahen alsbald Schritte, um auch der Königlichen Bibliothek in Berlin, Hauptstadt des Deutschen Reiches und Mittelpunkt so vieler und bedeutender geistiger Interessen, eine diesen Verhältnissen entsprechende Verfassung zu geben. Durch Allerhöchsten Erlass vom 16. Nov. 1885 erhielt die Königliche B. zu Berlin eine neue Organisation. Es wurde als ihre Aufgabe festgestellt, ›in möglichster Vollständigkeit die deutsche und in angemessener Auswahl auch die ausländische Litteratur zu sammeln, dieselbe geordnet aufzubewahren und der allgemeinen Benutzung zugänglich zu machen‹ (§ 1), ein Kuratorium eingesetzt, welches ›ohne unmittelbares Eingreifen in den Gang der Geschäfte‹ (§ 7) ›die Interessen der Bibliothek überall wahrzunehmen und dafür zu sorgen hat, dass sie stets auf der Höhe ihrer Bestimmung bleibe‹ (§ 5). Ein Fachbibliothekar, Prof. Dr. Aug. Wilmanns, der vorher Oberbibliothekar in Freiburg in Bad. (s. S. 27), Königsberg und Göttingen (S. 28) gewesen war, wurde zu ihrem General-Direktor ernannt, und, was sehr noth that, dem Institute im Verlauf der nächsten Jahre eine angemessene finanzielle Ausstattung verliehen. Die heilsamen Folgen dieser Massregeln, die sich zunächst in einer ausserordentlich gesteigerten Benutzung zeigen, werden allgemein anerkannt. Zugleich wurde dadurch faktisch, wenn auch nicht nominell, für Preussen eine Centralstelle geschaffen, die, ähnlich wie das Brittische Museum in England und die Bibliothèque Nationale in Frankreich nach vielen Seiten hin, selbst über Preussen hinaus, anregend und ausgleichend wirken kann. Mit grosser Vorsicht und thunlicher Rücksicht auf die berechtigte Selbständigkeit und Eigenart der einzelnen Bibliotheken ist dies bisher geschehen. Eine der ersten Unternehmungen, durch welche sich die Königliche B. zu Berlin in den Dienst aller deutschen grösseren Bibliotheken und damit in ihren Mittelpunkt stellte, war seit 1885 die Herausgabe gedruckter Jahres-Verzeichnisse der an den Deutschen Universitäten erschienenen Schriften, zu welcher ein Aufsatz im Centralblatt f. Bibl. II (1885) S. 231 ff. die Anregung gegeben hatte. Sieben Jahrgänge sind bis jetzt erschienen, alle Schriften seit dem 15. Aug. 1884 umfassend. Dazu werden periodische Sachregister veröffentlicht, das erste 1891 für die ersten fünf Jahrgänge. Mit dankenswerthem Entgegenkommen haben die ausserpreussischen Hochschulen Deutschlands sich dem nützlichen Schritte angeschlossen, der sonst nur zu einem Stückwerke geführt hätte. Ebenso werden seit 1889 von der Berliner General-Direktion im Anschluss an den bestehenden Programmenaustausch (s. S. 32) gedruckte Jahres-Verzeichnisse der an den deutschen Schulanstalten erschienenen Abhandlungen herausgegeben, so dass für die kleinere wissenschaftliche Litteratur Deutschlands, die bisher die *crux* der Bibliothekare und Gelehrten war, gegenwärtig bibliographisch aufs beste gesorgt ist. Freilich gilt dieses Lob zunächst nur den Schriften der jüngsten Zeit. Doch sind für die akademischen Schriften der einzelnen Universitäten aus der Zeit vor dem 15. Aug. 1884 entsprechende Kataloge an mehreren Universitäts-Bibliotheken bereits in Arbeit — so in Berlin, Göttingen und Halle —, und es lässt sich hoffen, dass auch die andern interessirten Bibliotheken bald nachfolgen werden; für Strassburg (seit 1872) ist er bereits erschienen (1892).

Den vielseitigen Klagen über die Lückenhaftigkeit der Bücherbestände auf wichtigen Gebieten suchte die Regierung in den Jahren 1885 bis 1890 durch ausserordentliche Geldmittel im Betrage von 450000 Mk. (zusammen) abzuhelfen, welche der preussische Landtag bereitwilligst zur Verfügung stellte und die zugleich dazu dienten, die an mehreren Bibliotheken dringend nöthigen Katalogisirungsarbeiten der Vollendung näher oder doch in schnelleren Gang zu bringen. Was für die Berliner Königliche B. allein während dieser Zeit ausserordentlicherweise geschah, ist dabei nicht in Rechnung gebracht.

In der gleichen Richtung ist es als ein Schritt zu einer freiwilligen Annäherung der Ansichten und Einrichtungen im Bibliothekswesen und vor allem als Ausdruck der modernen Anschauungen von den eigenartigen Aufgaben und der Selbständigkeit des bibliothekarischen Berufes die Errichtung einer eigenen Professur für Bibliothekshülfswissenschaften an der Universität Göttingen (1886) anzusehen. Dem Vertreter dieses Faches, der zugleich Vorsteher der dortigen Universitätsbibliothek und als solcher in steter lebendiger Verbindung mit der Praxis ist, liegt es ob, zur Ergänzung der auf den Universitäten bereits gelehrten allgemeinen Disziplinen mit besonderer Rücksicht auf die Bedürfnisse der künftigen Bibliotheksbeamten über die Geschichte des Buchwesens und der Bibliotheken, die Geschichte der Buchdruckerkunst und des Buchhandels und die Einrichtung und Verwaltung von Bibliotheken Vorlesungen und entsprechende Uebungen zu halten. Historisch ist hierbei daran zu erinnern, dass in Göttingen bereits Ge. Matthiae († 1773), Professor der Medizin und der erste Bibliothekar der Universität, ausser Anderem auch »notitiam auctorum et librorum medicorum«, also medizinische Bücherkunde dozirte.

Auf das Innere der Verwaltung erstreckte sich das Streben nach Uniformirung am spätesten; für ganz Deutschland kann darin überhaupt nur mit der freien Zustimmung der einzelnen Staaten etwas geschehen. In Preussen wurde sie erleichtert durch häufig gewordene Versetzungen der Bibliotheksbeamten. Auf einzelnen Gebieten war ihnen auch litterarisch vorgearbeitet worden, wie in Bezug auf die Auswahl der Ordnungswörter und die alphabetische Ordnung der Katalogtitel durch C. Dziatzko's Breslauer Instruction (Berlin 1886), für die Realkatalogisirung durch K. Zangemeister's System der Heidelberger B. (1885) und O. Hartwig's entsprechendes Schema der Hallischen B. (1888); auf kleineren Gebieten durch Aufsätze und Vorschläge im Centralblatt für Bibliothekswesen. Nicht weniger wirksam hatten im gleichen Sinne sich schon vorher einige gedruckte Kataloge von Fachbibliotheken erwiesen, besonders derjenige der Reichsgerichtsbibliothek zu Leipzig von K. Schulz (1882 und 90.)

Einen bedeutsamen Schritt zur Herbeiführung grösserer Einheitlichkeit bei den Titelaufnahmen, wofür sie ja in erster Linie zu wünschen ist, bedeutet der Erlass des Preuss. Unterrichtsministeriums vom 29. Februar 1892, durch den die Grundsätze festgestellt werden, nach welchen jene vom 1. April d. J. an zunächst für alphabetische Zettelkataloge, weiter aber auch für die übrigen Kataloge, soweit dies ohne Bedenken geschehen kann, an den staatlichen Bibliotheken erfolgen sollen. Begleitet war der Erlass von einer gedruckten ›Instruktion für die Herstellung der Zettel des alphabetischen Kataloges‹ (Burg b. M. 1892), in welcher für die verschiedenen Arten der Zettel Umfang und Art der Titelaufnahme, Seiten- und Bandzählung, feste Unterscheidung der Formatklassen u. dergl. unter Beigabe von Proben festgesetzt und zugleich ein Schema zur Transscription von 12 besonderen Schriftarten (vom Russischen bis zum Georgischen) aufgestellt wird. Gleichzeitig begann die General-Direktion der Kön. Bibliothek für die Zeit vom 1. Jan. 1892 an die Titel ihrer Eingänge und ergänzungsweise die der Berliner Universitätsbibl. an neuen Büchern mit Ausschluss der Zeitschriften und Fortsetzungswerke, welche in besonderen Listen verzeichnet werden sollen, zu drucken und den anderen Bibliotheken zu übersenden. An beiden genannten Bibliotheken werden — zunächst probeweise — die gedruckten Titel zum Ersatz der handschriftlichen Eintragungen verwendet. Zugleich hofft man, dass auch anderen Bibliotheken sich die Titeldrucke in gleicher Weise oder wenigstens als bibliographisches Hülfsmittel nützlich erweisen werden. Jedenfalls ist damit der erste Schritt gethan zur Einführung gedruckter Katalogtitel, welche in dieser oder jener Form als unabweisbares Bedürfniss für die Verwaltung jeder grossen Bibliothek anzusehen sind.

In vielen Fragen, besonders wenn es sich um Neu- oder Umbauten, um ausserordentliche Katalogisirungen oder um die Vermehrung des Beamtenpersonals handelte, stellte sich die Unsicherheit über den wirklichen Umfang des Bücherbestandes an den einzelnen Bibliotheken als höchst störend heraus. Fast ohne Ausnahme kannte man ihn nur schätzungsweise oder nach älteren Zählungen, über deren Grundlage man vielfach nicht unterrichtet war und die nach subjektivem Ermessen ergänzt wurden. Es wurde daher vom preussischen Unterrichtsministerium im Febr. 1890 für die staatlichen Bibliotheken eine Zählung der Buchbinderbände für den März d. J. angeordnet und diese dementsprechend vorgenommen. Ungebundene kleine Schriften wurden von den Verwaltungen entweder faszikelweise oder bei Einzelzählung besonders verzeichnet, so dass eine Umrechnung in Buchbinderbände — 15 kleine Schriften gleich 1 Buchbinderband nach Schwenke's Adressbuch — leicht erfolgen kann. Das Ergebniss dieser Zählung ist z. Th. aus der im Folgenden (S. 46) mitgetheilten Tabelle zu ersehen.

Wohl dem Vorbild der italienischen Universitätsbibliotheken verdankt eine andere von der preussischen Unterrichtsverwaltung ins Leben gerufene Massregel ihre erste Anregung, die engere Verbindung nämlich, in welche die Seminar- und Institutsbibliotheken der einzelnen Universitäten mit den allgemeinen Büchersammlungen gebracht werden sollen. Zuerst in Strassburg, dann aber auch an anderen Universitäten waren gut ausgestattete und sehr bequeme Spezialbibliotheken für die wichtigsten Studienfächer, meist im Anschluss an die einzelnen Seminarien, Institute u. dergl. geschaffen worden. Bis weit in die Nacht hinein stehen da täglich den betheiligten Studirenden geeignete Lese- und Arbeitsräume und z. Th. umfangreiche Büchersammlungen für ihre Fachstudien zur freiesten Verfügung. Da die allgemeinen Bibliotheken in Bezug auf ausreichende Lesesäle und Handbibliotheken, sofortiges Herbeiholen der gewünschten Bücher und Länge der Oeffnungszeit, besonders in den Abendstunden, den Bedürfnissen der Benutzer fast nirgends mit Ausnahme von Berlin völlig entsprechen, müssen jene Spezialbibliotheken als eine nothwendige Ergänzung der Uni-

versitätsbibliotheken bezeichnet werden und werden es zum
Theil auch bleiben, wenn die Ausstattung der letzteren nach
jenen Seiten eine vollkommenere werden sollte. Den Vortheil
der Leitung und Ueberwachung der Studien durch die Fach-
professoren, der engen Gemeinschaft mit den näheren Studien-
genossen, abgeschlossene Sonderräume und Fachlitteratur in
gleichem Umfang und ebenso unmittelbarer Nähe werden die
allgemeinen Bibliotheken den Studirenden niemals bieten können.
Es ist nun die Absicht der Regierung die Bestände dieser zahlreichen und z. Th. recht ansehnlichen Fachbibliotheken allgemeiner bekannt und nutzbar zu machen. Zu dem Zwecke
ist zunächst in Berlin und Bonn mit ihrer Katalogisirung in
Zettelform der Anfang gemacht worden. Ein durchgehender
und stets auf dem Laufenden erhaltener Katalog soll je in der
allgemeinen Bibliothek Aufschluss über jene Bestände geben
und namentlich bei Zeitschriften und theueren Werken unter
Umständen dafür sorgen, dass die Anschaffung zweiter Exemplare
vermieden wird. Um eine Vorstellung von dem Umfang dieser
Katalogisirungsarbeit zu geben, füge ich hinzu, dass an den
preussischen Universitäten die Gesammtzahl der Buchbinderbände (oder Nummern) jener Institutsbibliotheken wenigstens
330 000 beträgt, schwankend zwischen 17 582 in Marburg, von
Münster abgesehen, und 72 000 in Breslau. Der Durchschnitt
beträgt, wenn wir wieder von Münster absehen, rund 36 300
Bände. Unter den ausserpreussischen Universitäten ist sie nur
von vieren durch Schwenke's Adressbuch bekannt geworden
und beträgt da rund 84 000, im Durchschnitt also 21 000 Bände

Die allgemeinen Grundsätze der Benutzung sind im wesentlichen die gleichen geblieben wie bisher, wenn auch die Liberalität
vielfache Erweiterungen erfahren hat. An etwa der Hälfte der
Bibliotheken, nämlich an den süddeutschen, aber auch in Jena,
Halle, Kiel und selbst in dem grossen Berlin (Un.-B.) ist die
Forderung eines persönlichen Bürgscheines zum Entleihen von
Büchern den Studenten gegenüber in Wegfall gekommen und,
soweit es sich übersehen lässt, ohne nachtheilige Folgen für
die Bibliotheken. An der Zahl der an den Einzelnen verliehenen Bücher wird, wenn sie auch reglementmässig feststeht,

nirgends mit Aengstlichkeit festgehalten. Den Zutritt zu den Katalogen sucht man auch da thunlichst zu erleichtern, wo man aus lokalen Gründen ihn dem Publikum nicht völlig freigeben kann. Man trägt Sorge für umfangreiche Handbibliotheken in den Lesesälen und für den Druck ihrer Kataloge (z. B. Breslau [K. u. Un. B.], bereits veraltet, Göttingen, Berlin [Un. B.]). An einzelnen Bibliotheken — ich habe nur die grösseren hier im Auge — ist sogar ein Katalog des Gesammtbestandes gedruckt (so in Karlsruhe i. Bad.; s. S. 30), besonders an Spezialbibliotheken (vergl. S. 31). An anderen ist die gleiche Arbeit noch im Gange, so in Kassel (Murhard'sche B. und Ständische Landes-B.), Tübingen und Wolfenbüttel. Zugangsverzeichnisse werden z. B. in Köln (Stadt-B.) gedruckt.

In einem Punkte waren die meisten deutschen Bibliotheken gegen Frankreich und z. Th. gegen England auffallend zurückgeblieben, nämlich in der Herausgabe gedruckter Handschriftenkataloge, ohne welche die Benutzung der Manuscripte ja äusserst erschwert ist. Die Hof- und Staatsbibliothek von München mit ihren mehr als 40 000 Handschriften (etwa 26 000 Nummern) macht nebst wenigen andern eine rühmenswerthe Ausnahme.

Staaten	Zahl der Bibliotheken*)	Zahl der Handschriften	
		in gedruckten Katalogen beschrieben	nicht in gedr. Katalogen enthalten**)
Königr. Preussen	34	27 445	38 558
„ Bayern	17	47 287	8 543
„ Sachsen	6	7 500	5 438
„ Württemberg	3	1 372	5 930
Grossherz. Baden	6	1 729	7 306
„ Hessen	3	1 400	4 400
Reichsland Elsass-Lothr.	5	1 446	4 890
Uebrige deutsche Staaten	19	6 701	20 822
Deutsches Reich	93	94 880	95 887

*) Bibliotheken mit ganz geringfügigen Handschriftenbeständen sind ausser Ansatz geblieben.
**) Dahin sind auch die an zerstreuten Orten (Zeitschriften u. dergl.) und

Aus vorstehender Tabelle, welche Bibliothekar Dr. Schwenke aus seinen für das Adressbuch deutscher B. gesammelten Materialien freundlichst zusammengestellt hat, ist das Maass des für gedruckte Handschriftenkataloge in den grössten deutschen Ländern und in ganz Deutschland bereits Geleisteten und des noch zu Leistenden leicht zu übersehen (vergl. auch S. 23). Die Absicht der Förderung des Katalogdruckes scheint in Preussen bereits das Ministerium Falk gehabt zu haben. Wenigstens wurden durch Rescript vom 20 Nov. 1874 die Provinzial-Schulkollegien veranlasst, auf die Anstalten ihres Ressorts dahin zu wirken, dass sie in den Programmen ihrer Schule oder in geeigneten Zeitschriften von kundiger Hand ausser einem Bericht über wichtige alte Drucke eine vollständige Aufzählung und gedrängte Beschreibung der etwa vorhandenen Handschriften geben lassen. Das Ergebniss dieser Anregung war in Bezug auf die Art der Handschriftenbeschreibung unbefriedigend, doch gewann man durch die darauf erfolgten Veröffentlichungen immerhin eine Uebersicht über den Bestand jener kleinen Handschriftenvorräthe und eine Grundlage für eine zweckmässige Beschreibung. Neu erörtert wurde der Plan im weitesten Umfange 1885 bei Gelegenheit der Reorganisation der Königlichen B. in Berlin, zur Ausführung kam er aber erst 1889, indem das Ministerium, dem die General-Verwaltung der Kön. Bibliothek berathend zur Seite steht, dem Prof. Wilh. Meyer von Göttingen, der früher an der Bearbeitung des Münchener Handschriftenkatalogs durch viele Jahre Theil genommen hatte, Urlaub und den Auftrag ertheilte, mit Hülfe einiger Assistenten von den in Preussens Bibliotheken befindlichen Handschriften, soweit sie zugänglich sind, gedruckte Kataloge zu veröffentlichen. Mit den Handschriften Göttingens wird der Anfang gemacht. Von Bonn (Un. B.) waren schon viel früher durch Ant. Klette, Jos. Staender und Joh. Gildemeister 1858/76, von Erfurt (Kön. B.) durch W. Schum 1887, von Münster i. W. (Paulin. B.) durch Jos. Staender (und Leop. Cohn) 1889 gedruckte Handschriftenkataloge erschienen. Ebenso ist die Königliche B. in Berlin im

in ganz veralteten Katalogen beschriebenen Handschriften gerechnet; dagegen ist von Bibliotheken mit neuerem gedruckten Gesammtkatalog der Handschriften der ganze gegenwärtige Bestand als veröffentlicht angenommen.

Besitz gedruckter Kataloge über reichlich den dritten Theil ihrer Handschriften, in 11 Bänden, welche alle mit Ausnahme eines (1853) seit 1878 erschienen sind. Während bei dieser Katalogisirung der Handschriften Einheitlichkeit der Grundsätze bis jetzt nicht vorgesehen ist, ordnet ein Erlass der preussischen Unterrichtsverwaltung vom 8. Jan. 1890 gemeinsame Bestimmungen für das Versenden von Druck- und Handschriften an ausserpreussische Bibliotheken an Unter der Bedingung der Gegenseitigkeit und mit Ausschluss solcher Stücke, welche auf Grund besonderer Vorschriften nicht verschickt werden dürfen (z. B. Unika u dergl.), wird die direkte Versendung von Druck- und Handschriften selbst ausserhalb Deutschlands an staatliche oder unter Staatsaufsicht stehende Bibliotheken gestattet. Das angestrebte Ziel ist ein internationaler Verband möglichst vieler öffentlicher Bibliotheken zum direkten leihweisen Austausch ihrer Schätze und zur Förderung der Studien ihrer Benutzer durch die fremden Sammlungen gleich den eignen. Freilich wurde in der Praxis von Seiten der deutschen Bibliotheksverwaltungen solche Liberalität sehr häufig bereits früher geübt, wie übrigens auch von der nach freien Gesichtspunkten verwalteten Universitäts-B. zu Leiden und manchen anderen Bibliotheken des Auslandes; aber dem Auslande gegenüber fehlte es in Preussen z. Th. an der wünschenswerthen amtlichen Ermächtigung, vor allem aber an der Grundlage für eine Regelung dieses Leihverkehres.

Aber auch im inneren Verkehr der preussischen Universitätsbibliotheken unter sich und mit der Königlichen Bibliothek in Berlin werden seit kurzem — in diesem Falle nach dem Vorgange anderer Länder und deutscher Staaten — die Bücherschätze der einzelnen Bibliothek einer ausgedehnteren Benutzung als bisher zugänglich gemacht, indem zunächst Göttingen und Marburg (seit Mai 1892), dann aber auch Bonn und Münster, Königsberg und Braunsberg (seit Januar 1893) zu einem engeren Verbande mit regelmässigem allwöchentlichen Leihverkehr vereinigt worden sind. Die Kosten tragen theils die Entleiher theils die Universitäten. Von der neuen Einrichtung, welche zunächst wohl Sparsamkeitsrücksichten entsprungen ist, wird ein starker Gebrauch gemacht, natürlich aber vorwiegend von Seiten der kleineren Bibliothek. Das gleiche Verhältniss ist seit dem 27. Jan. 1893 auch zwischen der Königlichen B. in Berlin und allen preussischen Universitätsbibliotheken mit geringfügigen Abweichungen in Kraft getreten.

Erst beabsichtigt und vorbereitet ist die Regelung der Vorbedingungen zum Eintritt in die wissenschaftliche Bibliothekslaufbahn für die staatlichen Bibliotheken Preussens. Im wesentlichen sollen die Forderungen, welche für die Gymnasiallaufbahn gestellt werden, massgebend sein, jedoch die Wahl der Fakultät und das Fach der ersten Staatsprüfung frei gegeben werden, die Doktorpromotion, eine zweijährige Volontärzeit und nach deren Ablauf eine kurze bibliothekstechnische Prüfung obligatorisch sein. Dass die Fülle der Anforderungen abschreckend wirken werde, ist zur Zeit bei dem grossen Andrang zu dieser Laufbahn nicht zu befürchten; jedenfalls bietet sie die Gewähr, dass der Beruf nach wie vor als ein wissenschaftlicher aufgefasst werde und die Beamten der grossen, für wissenschaftliche Zwecke bestimmten Bibliotheken sich fähig erweisen, ebenso ihren wissenschaftlichen wie den rein technischen Aufgaben gerecht zu werden.

Hiermit wäre erschöpft, was sich von wichtigeren organisatorischen Massnahmen auf dem Gebiete des preussischen Bibliothekswesens aus dem letzten Dezennium berichten lässt. Natürlich nehmen auch die Landes- und Universitätsbibliotheken der ausserpreussischen Staaten einen mehr oder weniger lebhaften Antheil an dieser Bewegung; indess betrifft, was an ihnen Bedeutendes oder doch Beachtenswerthes geleistet wird — ich erinnere nur an die Neuschöpfung der Strassburger Bibliothek —, vorwiegend die einzelne Anstalt und diese blieben auch im Vorhergehenden zumeist unberücksichtigt. Würde ich doch nicht umhin können über viele der zu erwähnenden Einrichtungen, die zum Theil noch nicht einmal durchgeführt sind, Urtheile zu fällen, die in der Ferne sich mit Sicherheit zu bilden schwierig ist und die jedenfalls einer eingehenden, hier viel zu weit führenden Begründung bedürften. Soweit es auf Thatsachen ankommt, sind sie zu einem grossen Theile in

Schwenke's Adressbuch der deutschen Bibliotheken verzeichnet, Anderes findet sich in der am Schlusse dieser Schrift beigegebenen Tabelle. Dass die grösseren Städte Deutschlands trotz hervorragender Leistungen auf vielen Gebieten der Selbstverwaltung für öffentliche Bibliotheken verhältnissmässig noch wenig gethan haben und namentlich die mächtige Bewegung für die *(Free) Public* (oder *Town) Libraries*, welche seit 1845/50 in den Städten Englands und Nordamerikas in steigendem Maasse sich geltend macht, bei uns nur geringe Nachachtung gefunden hat, ist eine befremdliche Thatsache. Bleibt doch infolge dessen die allgemeine Bildung, soweit sie nicht auf unsern Schulen beruht, und damit auch das Verständniss für politische und soziale Fragen bei einem grossen Theile der Bürger offenbar zurück, so dass das Durchschnittsniveau der allgemeinen Bildung in jenen Städten als höher gilt und wissenschaftliche Werke populären Charakters dort auf einen grösseren Leserkreis rechnen dürfen als bei uns. Eine Erklärung findet jene Thatsache vielleicht in dem Umstand, dass die grösseren Stadtbibliotheken sich im ganzen gern die Universitätsbibliotheken mit ihrer gelehrten und streng fachwissenschaftlichen Richtung zum Muster nehmen, wie in der Regel auch die alten Bestände beider Arten von Bibliotheken der gleichen Art sind. Oeffnungszeit, Lesevorrichtungen und Benutzungsbedingungen, z. B. in Bezug auf die Vorausbestellung von Büchern, genügen meist ebenso wenig wie der Bücherbestand der richtig erfassten Aufgabe einer Stadtbibliothek. Die Vermehrungsfonds sind, wenn wir etwa Hamburg (26000 M.) ausnehmen, meist sehr gering, z. B. in Bremen 6000 M. Sehen wir freilich davon ab und von der zu engen Begrenzung ihrer Aufgabe, so sind mehrere unserer Stadtbibliotheken in anerkennenswerther Weise thätig und strebsam (vergl. S. 30 ff. 40). Kassel (Murhard'sche Stadt-B. seit 1863) lässt die Katalogtitel drucken (s. S. 40) und verwendet sie für verschiedenartige Kataloge; überdies sind dort die Zettel der Kataloge in kleine Bände vereinigt mittelst einer bequemen, bereits auf anderen Bibliotheken nachgeahmten, allerdings sie nicht völlig sichernden Vorrichtung. Breslau (Stadt-B.) hat einen sehr guten alphabetischen Bandkatalog, und zwar, was nicht überall der Fall ist, gleich Kassel zur freien Benutzung des Publikums. Von Neu- oder Umbauten war schon vorher die Rede (s. S. 32). Am nächsten kommen dem Vorbild der *Public Libraries* innerhalb Deutschlands die Bibliothek der zur Heranbildung von Männern für das öffentliche Leben bestimmten Gehe - Stiftung in Dresden (1882; Bibl. 1884) und die Freiherrl. Karl von Rothschild'sche öffentliche Bibliothek zu Frankfurt a. M. (1887), obschon auch diese ursprünglich wissenschaftlichen Studien dienen und nur daneben den Bedürfnissen des grösseren Publikums Rechnung tragen sollte. Seit Anfang 1889 ist indess das Ziel ein wenig geändert und die Bibliothek ›ernster Belehrung und wissenschaftlicher Arbeit‹ gewidmet. — Weitere Klassen von Bibliotheken in den Kreis der Darstellung zu ziehen liegt nicht im Zweck dieser Zeilen.

Fassen wir nunmehr in Kürze das Ergebniss der vorausgehenden Besprechung zusammen, so ist entsprechend der politischen und Kulturentwickelung Deutschlands die Zahl umfangreicher wissenschaftlicher Bibliotheken, die theils als Hof- und Landes-, theils als Universitäts- und (zum geringeren Theile) als Stadtbibliotheken bestehen, in diesem Lande ungewöhnlich gross und wird, wenn es auch an einer Centralbibliothek von der Grösse der Bibliothèque Nationale oder des British Museum fehlt, im ganzen kaum von einem andern Lande übertroffen. Den Reichthum Deutschlands an solchen Büchersammlungen, übrigens auch den der andern Kulturländer Europas, im Vergleich mit seinem Heimathlande rühmte — freilich in sehr viel früherer Zeit — schon J. L. Motley in einem Briefe an seine Mutter vom Sept. 1833. Dass das Lob aber auch heute noch von Deutschland gilt, möge folgende dem Adressbuch d. deutsch. Bibl. von P. Schwenke (1893) entnommene Zusammenstellung von Bibliotheken zur Anschauung bringen, die einen Bestand von 200000 Bänden und mehr (Buchbinderbände) an Druckschriften haben, wobei ich bemerke, dass die nicht mit einem Stern versehenen Zahlen nicht auf besonderer Zählung beruhen und daher in einzelnen Fällen wohl eine Ueberschätzung eingetreten sein mag.

Fortlauf. Nummer	Bezeichnung der Bibliothek Ort	Name	Zahl der Druckschriften
1	München	Hof- u. Staatsbibl.	900 000
2	Berlin	Königl. Bibl.	*800 000
3	Strassburg	Univ.- u. Landesb.	*601 000
4	Hamburg	Stadtbibl.	500 000
5	Göttingen	Univ.-Bibl.	*441 500
6	Leipzig	Univ.-Bibl.	438 000
7	Dresden	Königl. öff. Bibl.	410 000
8	Heidelberg	Univ.-Bibl.	400 000
9	München	Univ.-Bibl.	*371 000
10	Würzburg	Univ.-Bibl.	320 000
11	Bamberg	Königl. Bibl.	*305 186
12	Stuttgart	Königl. öff. Bibl.	*303 585
13	Wolfenbüttel	Herzogl. Bibl	300 000
14	Darmstadt	Hofbibl.	300 000
15	Breslau	Kgl. u Univ.-Bibl.	*247 739
16	Tübingen	Univ.-Bibl.	*287 000
17	Giessen	Univ.-Bibl.	250 000
18	Freiburg i. B.	Univ.-Bibl.	250 000
19	Weimar	Grossherzogl. Bibl.	225 000
20	Bonn	Univ.-Bibl.	*219 000
21	Königsberg	Kgl. u. Univ. Bibl.	*210 000
22	Jena	Univ.-Bibl.	210 000
23	Gotha	Herzogl. Bibl.	200 000
24	Augsburg	Kreis- u. Stadtbibl.	200 000

Zusammen enthalten diese 24 Bibliotheken 8 739 010 Bände an Druckschriften; die nächsten 27 Bibl. aber (zwischen 100 und 200 000 Bde.) 3 843 332 Bde.; die nächsten 45 Bibl. endlich (zwischen 50 und 100 000 Bde.) haben deren 2 839 819. — Im Ganzen zählt nach Schwenke das Deutsche Reich 1609 grössere Bibliotheken mit 27 091 288 Bänden bei einer Einwohnerzahl von r. 50 Millionen, während Amerika (Ver. St.) im J. 1884/5: 5338 öffentliche Bibliotheken (mit je 300 und mehr Bänden) mit einer Bändezahl von 20 622 076 besass (jetzige Einwohnerzahl

r. 66 Millionen). Obschon Schwenke's Adressbuch sich ausdrücklich vorzugsweise auf Büchersammlungen mit wissenschaftlicher Benutzung beschränkt und daher die Bibliotheken zur Unterhaltung und Volksbelehrung (Lesevereins- und Volksbibliotheken) sowie solche zu praktischen und technischen Zwecken, desgleichen die reinen Musik und Kunstbibliotheken ausschliesst, so dass jene Vergleichung nur sehr begrenzte Gültigkeit haben kann, beweisen die Zahlen doch den absoluten Bücherreichthum der deutschen Bibliotheken. Im Einzelnen enthalten jene Gesammtzahlen bei Schwenke:

I. Oeffentliche Bibliotheken:	130	mit	14 784 115	Bdn.
II. B. der höheren Schulen:	530	„	3 172 761	„
III. B. anderer wissensch. Anst.:	142	„	2 073 511	„
IV. Behördenbibliotheken:	330	„	2 562 105	„
V. Kirchliche Bibliotheken:	201	„	1 455 765	„
VI. Militärbibliotheken:	61	„	616 789	„
VII. Vereinsbibliotheken:	128	„	927 835	„
VIII. Privat-(Familien-)B.:	87	„	1 498 407	„
Zusammen:	1609	B. m.	27 091 288	Bdn.

Die 130 öffentlichen Bibliotheken haben also durchschnittlich je mehr als 100 000 Bände. Dass dabei die alten Bestände eine grosse Rolle spielen, möchte ich aus der schon erwähnten Thatsache schliessen, dass die Zahl der Bibliotheken mit 200000 Bänden und mehr fast ebenso gross ist (24) wie die Zahl solcher, die zwischen 100 und 200000 Bde. zählen (27). Auch an Bibliotheken, mit einer Zahl von 100 000 bis 50000 Bdn. abwärts führt Schwenke (S 394. 396) auch nur 45 an, von denen bei genauer Bandzählung gewiss noch manche in Wegfall kommen würden. Es scheint darnach an einem Nachwuchs ansehnlicher **neuer** Bibliotheken gegenüber den vielen grossen mit **alten** Beständen in Deutschland etwas zu fehlen.

Natürlich verleihen diese alten Bestände den Bibliotheken zunächst einen vorwiegenden Werth für **historische** Studien im weitesten Umfange, doch hat auch — namentlich in den zwei letzten Dezennien — die neuere wissenschaftliche Litteratur auf den verschiedenen Gebieten gebührende Berücksichtigung gefunden. Einzelne besser dotirte Bibliotheken hielten schon

— 48 —

früher einigermassen darin Schritt; ich erinnere an München und Göttingen, wo z. B. das Fach der beschreibenden Naturwissenschaften sehr gut vertreten ist, oder an Bonn, wo dasselbe z. B. von der Archäologie gilt. Für die preussischen Universitäts-B. mit Einschluss der Königlichen Bibliothek in Berlin bin ich in der Lage durch eine von dem Göttinger Bibliothekskustos Dr. A. Roquette ausgearbeitete Tabelle das Anwachsen der Vermehrungsfonds von 10 zu 10 Jahren sowohl im Ganzen wie in Prozenten, aber auch die Zunahme des Geldwerthes der litterarischen Produktion in Deutschland allein (mit Ausschluss der Musikalien und politischen Zeitungen) nach Hinrichs' halbjährigen Bücherverzeichnissen zu veranschaulichen.

Bezeichnung der Bibliotheken	Vermehrungsfonds (in Mark)				Zunahme	
	1870	1880	1890	1892	in Mark	in %
Berlin, Königl. Bibl.	54615	96000	150000	150000	95385	174,6
„ Univers.-Bibl.	4050	10500	10500	10500	6450	159,2
Bonn „ „	13860	24655	28300	28300	14440	104,2
Breslau „ „	9183	21163	27632	27590	18407	200,4
Göttingen „ „	20000	38110	37110	40110	20110	100,5
Greifswald „ „	10260	14000	17000	17000	6740	65,7
Halle „ „	10786	17236	22220	22220	11434	106
Kiel „ „	8500	14500	14500	16000	7500	88,2
Königsberg „ „	10300	21100	21100	22600	12300	119,4
Marburg „ „	10612	16612	17660	17660	7050	66,43
Münster, Paul. Bibl.	3630	11330	11330	11330	7700	212,1
Zusammen:	155796	285206	357352	363310	207514	Du·ch-schnitt 133,2
Gesammtwert der in Deutschland ersch. Bücher	33278	65158	86797	?	53519	160,8

Im Ganzen wird (nach Schwenke) gegenwärtig zum Ankauf und Binden von Büchern ausgegeben für:

		i. Deutsch. Reich:	dav. i. Preuss.:	in Bayern:
I.	Oeffentliche Bibl.:	1 075 220 Mk.	458 201 Mk.	148 165 Mk.
II.	Bibl. d. h. Schulen:	315 729 „	198 679 „	30 570 „
III.	B. and. wiss. Anst.:	311 490 „	155 210 „	48 514 „
IV.	Behördenbibl.:	425 903 „	268 720 „	44 992 „
VI.	Militärbibl.:	71 570 „	50 900 „	5 870 „
Aus Staatsmitteln zus.:		2 199 912 „	1 131 710 „	278 111 „
V.	Kirchliche Bibl.:	29 896 „	16 631 „	4 114 „
VII.	Vereinsbibl.:	71 875 „	36 830 „	1 280 „
VIII.	Privat-(Familien-)B.:	21 418 „	5 135 „	5 000 „
Im Ganzen:		2 323 101 „	1 190 306 „	288 505 „

Wir dürfen annehmen, dass, von den grossen Landesbibliotheken abgesehen, nur etwa ein reichliches Drittel der neuen litterarischen Erscheinungen für die besonderen Zwecke der wissenschaftlichen Bibliotheken — ich denke vor allem an die Universitätsbibliotheken — von Werth ist (im J. 1890 also c. 30 000 M.), dass ferner von dieser Summe ein ansehnlicher Theil, etwa ein reichliches Sechstel, den Bibliotheken, wenigstens vielen, in Form von Pflichtexemplaren, Geschenken oder im Austausch unentgeltlich zugeht, dass endlich der gleiche Betrag wie für deutsche Verlagsartikel allein für den Ankauf von Büchern aller ausserdeutschen Länder zusammen erforderlich ist. Es ist darnach zu bemessen, in welchem Umfange die eigenen Bücherbestände der Bibliotheken für ihre wissenschaftliche Benutzung ausreichen und wie weit die Bestände anderer Bibliotheken und Privatsammlungen leihweise eintreten müssen (vergl. S. 42 f.).

Charakteristisch ist den deutschen Bibliotheken und einer ihrer Hauptvorzüge die Verwaltung durch Beamte mit voller Universitätsbildung, welche sie ebenso zu einer zweckmässigen Vermehrung des Bücherbestandes wie zu dessen systematischer Ordnung und Katalogisirung, vor allem aber zur sachkundigen schriftlichen und mündlichen Unterstützung der Bibliotheksbenutzer befähigt. Gerade nach dieser Seite hin werden an deutschen Bibliotheken mehr wohl als anderwärts tagtäglich weitgehende Anforderungen an die Verwaltung gestellt und von dieser auch in der Regel befriedigt. Schon dass das Signiren der gewünschten Bücher an den meisten Bibliotheken durch wissenschaftliche Beamte erfolgt, ist ein Ausfluss jener Fürsorge und bietet zugleich reiche Gelegenheit zur Berichtigung falscher oder unvollständiger Titelangaben, zu litterarischen Nachweisen und somit zur Belehrung der Benutzer. Daraus erklärt es sich, dass die Zahl der wissenschaftlichen Beamten an deutschen Bibliotheken die der anderen Klassen stark überwiegt. An den 24 früher aufgezählten Bibliotheken sind neben 18 Subaltern- und 93 Unterbeamten nicht weniger als 165 wissenschaftliche Beamte angestellt, und noch auffälliger würde das Verhältniss, wenn wir die sehr zahlreichen Volontäre mit in Rechnung bringen würden. Vergleicht man mit jenen Zahlen z. B. die entsprechenden, 32 staatlichen Bibliotheken Italiens (Bestand vom 1. März 1892) entnommenen Zahlen (in der I. und II. Kategorie 132 wissenschaftliche, in der III. und IV. Kat. 142 Subalternbeamte und etwa 93 Unterbeamte [so im J. 1887]), so zeigt sich auf den ersten Blick die stark abweichende Praxis der italienischen Bibliotheken. Dass mit dieser Eigenthümlichkeit deutscher Bibliotheken die systematische Anordnung ihrer Bücherbestände, welche an den grösseren Anstalten die Regel ist, in einem gewissen inneren Zusammenhange steht, wurde bereits erwähnt. Ueber deren Nothwendigkeit oder Wünschbarkeit sind die Ansichten der Fachleute getheilt. Dass jedoch systematische K a t a l o g e, bei uns meist Realkataloge genannt, ein sehr nützlicher Besitz für eine Bibliothek sind, darüber besteht wohl kein Zweifel, und dessen dürfen sich, wie aus der beigegebenen Liste erhellt, wenigstens die grösseren Bibliotheken Deutschlands alle mit nur sehr wenigen Ausnahmen rühmen.

Sodann aber ist die Liberalität der deutschen Bibliotheken beim Verleihen von Büchern am Orte selbst und nach auswärts grösser als irgendwo sonst. Wissenschaftliche Studien zu betreiben ist hier daher nicht an einzelne Städte mit grossen Bibliotheken gebunden noch auch beschränkt auf Personen, welche in der Lage sind sich alle erforderliche Litteratur selbst zu kaufen. Sogenannte Präsenzbibliotheken finden in Deutschland nur wenige Vertheidiger und es ist deshalb für uns eine

erfreuliche Erscheinung, dass auch in andern Ländern, in
Oesterreich, Italien und Frankreich, vor allem aber in Amerika
(Ver. St.), zahlreiche und z. Th. sehr bedeutende Bibliotheken
seit einiger Zeit bereits dem Ausleihesystem immer grössere
Zugeständnisse machen. In England, wo das Verleihen von
Büchern noch die Ausnahme bildet, macht sich wenigstens
eine Bewegung dafür bemerklich. Und wenn man die Schnellig·
keit und Billigkeit bedenkt, mit welcher heutzutage ausgeliehene
Bücher in dringenden Fällen durch die Post zurückerlangt
werden können, so wird man theoretisch selbst den grössten
Bibliotheken nicht gern eine Ausnahmestellung als berechtigt
zugestehen wollen. Zur Vergleichung wähle ich wieder Italien,
dessen öffentliche Bibliotheken nach ihrer Bestimmung Aehnlich·
keit mit den unsrigen haben und über deren Benutzungsstatistik
wir genau unterrichtet sind.

Darnach wurden 1891 dort ausgeliehen:

an 2 B. Naz. Centr., am Ort nach auswärts (näml. in Italien; ins Ausland)
5 B. Naz. und
10 and. B. Governative: 20759 Bde. 4075 Bde. (= 4045 Bde. 30 Bde.)
12 B. Universit.:   15774 „   1205 „   (= 1203 „   2 „)
Zusammen an 29 B.: 36533 „   5280 „   (= 5248 „   32 „)

Im Ganzen: 41813 Bde.

In Deutschland dagegen wurden ausgeliehen (meist nach
dem Durchschnitt mehrerer Jahre):

an 10 Landes- (Hof- usw.) B.: 377311 Bde. 40493 Bde. (nicht weiter unterschieden)
19 Universitäts-B.:   419302 „   34819 „   „
(ohne München, dag. mit Münster)

Zusammen an 29 B.: 796613 „   75312 „   •

Im Ganzen 871925 Bde., also etwa 20,8 mal mehr als in
Italien. Natürlich steht dem eine geringe Benutzung unserer
Lesesäle gegenüber, die ja bei uns in der Regel nicht im Mittel-
punkte der bibliothekarischen Wirksamkeit stehen. Es sind (ohne
die Handschriften) an obigen 29 deutschen B. 459818 Bde. gegen
1141731 Bde., also etwa 2,5 mal weniger als in Italien gezählt
worden.

Es würde dem Zwecke dieser Arbeit, welche auf dem
Hintergrunde der geschichtlichen Entwickelung der grösseren
Bibliotheken Deutschlands in Umrissen ein Bild ihres gegen-

wärtigen Standes geben will, nicht entsprechen, wenn ich an dieser Stelle nicht auch diejenigen Punkte erwähnte, in Bezug auf welche unsere Bibliotheken entweder hinter denen anderer Länder noch theilweise zurückstehen oder doch nicht gleichmässig fortgeschritten sind. Als wünschenswerth möchte ich demnach in Bezug auf die deutschen Bibliotheken bezeichnen die unbedingte und leichte Zugänglichkeit der Kataloge für alle Benutzer, Fürsorge für alphabetische Stichwortregister zur Ergänzung unserer systematischen Kataloge, sofortige Erledigung der Bücherbestellungen während der Geschäftsstunden, erweiterte Oeffnungszeit (mit Ausnahme der Königlichen B. in Berlin, welche darin allen billigen Ansprüchen durchaus genügt), z. Th. grössere Leseräume und Nachschlagebibliotheken sowie Einheitlichkeit der Katalogisirungsgrundsätze. Dass dieses Programm weit gesteckt und nicht in kurzer Zeit auszuführen ist, kann ich nicht verhehlen.

Eine durchgeführte Vergleichung der Leistungen unserer deutschen Bibliotheken mit denen anderer Länder ist so gut wie unmöglich, ja selbst für jene unter sich nur mangelhaft ausführbar. Zunächst lassen im Grunde nur die Bibliotheken gleicher Kategorie sich nach den verschiedenen Seiten ihrer Wirksamkeit vergleichen, nicht aber z. B. eine Volksbibliothek mit der des Reichsgerichts oder einer Universitätsbibliothek. Aber auch bei gleichartigen Büchersammlungen ist Vieles was sich einer Vergleichung entzieht, das aber gleichwohl mit ihren Leistungen aufs engste zusammenhängt. Zahl und Güte der Kataloge können sehr verschieden sein und bilden doch, ohne dass über sie Buch geführt wird, einen wichtigen Faktor bei Beurtheilung der Leistungen einer Bibliothek. Ob an einer Univ.-Bibliothek mehr im Hinblick auf die jüngeren Benutzer Lehrbücher und Kommentare, vielleicht sogar in mehrfacher Anzahl, oder vorwiegend nur Bücher von dauerndem Werthe angeschafft werden, beeinflusst sehr wesentlich die Benutzungszahlen und damit scheinbar das Ergebniss der Leistungen der betreffenden Bibliotheken. Nicht minder verschieben sich jene Zahlen, je nachdem das Altersminimum der Benutzer auf 16 oder 18 Jahre — Ersteres gilt von einigen italienischen Staatsbibliotheken — oder gar auf 21 Jahre wie im Brittischen Museum festgesetzt wird. Und doch sind die Zahlen über die Vermehrung und die Ausgaben sowie über die Benutzung nach ihren verschiedenen Seiten, ergänzt etwa durch Angaben über die Zahl und Art der Kataloge und sonstige besondere Arbeiten das Einzige, wonach wir die Leistungen der Behörden auf der einen Seite und die der Bibliotheken auf der andern Seite bemessen und unter sich vergleichen können. Dafür aber ist wiederum Einheitlichkeit der Grundsätze für die Statistik erforderlich. Gegenwärtig sind diese nicht einmal für unsere Bibliotheken gleichmässig und übereinstimmend. Alle Versuche einer vergleichenden Statistik müssen daher entweder auf einzelne Bibliotheken und wenige Punkte beschränkt bleiben und jedenfalls kann ihnen nur ein bedingter Werth zugesprochen werden. Indess wäre eine allgemeine Verständigung über die wichtigsten Grundlagen der Statistik sehr erwünscht Als zweckmässige Zählungseinheit wäre für die Vermehrungsstatistik die bibliographische Einheit, nach Bänden und kleinen Schriften (bis zu 100 Seiten) anzusehen, für die Benutzungsstatistik aber der Buchbinderband (nicht das Werk oder der bibliographische Band) und andrerseits seine einmalige zusammenhängende Tagesbenutzung. Dadurch würde namentlich eine Vergleichung der Leistungen sogen. Ausleihebibliotheken mit denen der Präsenzbibliotheken wenigstens äusserlich und zahlengemäss ermöglicht. Für jeden ins Haus geliehenen Band ist eine mehrmalige Tagesbenutzung anzusetzen; der Multiplikator kann natürlich nur auf Grund allgemeiner Erwägungen gewählt werden unter Berücksichtigung aller Entleihungsbedingungen, müsste in jedem Falle aber in der statistischen Tabelle bekannt gegeben sein. Für deutsche Verhältnisse möchte ich jede Verleihung eines Bandes ins Haus einer 4maligen Tagesbenutzung gleichsetzen, und wenn sie nach auswärts erfolgt ist, einer 6maligen. Letzteres gilt auch von Bänden, die aus fremden Bibliotheken zu Benutzungszwecken entliehen werden. In Bezug auf die Handbibliotheken der Lesesäle, zu welchen ja fast überall freier Zutritt gestattet ist, können wiederholte Stichproben die Durchschnittszahl der Bände ermitteln, welche täglich von je einem Besucher gebraucht werden, so dass die Jahresziffer der Benutzung sich daraus mit Leichtigkeit ergiebt, falls überhaupt die Besucher des Lesesaales gezählt werden. Endlich ist aber für deutsche Verhältnisse in der Regel noch mit einer andern Form der Benutzung zu rechnen, welche gegenwärtig in den Benutzungstabellen ganz ausser Betracht bleibt. Ich meine die in den Bücherräumen selbst von den dazu Berechtigten benutzten Bände, wobei von ihrem Gebrauche durch die Beamten zu dienstlichen Zwecken abzusehen ist. An vielen Universitäten, wie z. B. in Göttingen, ist jene Art der Benutzung eine so häufige und ausgedehnte, zumal im Sommer, dass die Vorstellung von den Leistungen einer Bibliothek wesentlich abgeschwächt wird, wenn die Zahlen dieser Benutzung ausser Ansatz bleiben. Für Göttingen darf sie auf die einmalige Benutzung von mindestens 18000 Bänden im Jahre berechnet werden, wenn wir nämlich 300 Tage mit je 15 täglichen Benutzern und je 4 Bänden in Ansatz bringen. Wir würden so, um nur ein Beispiel anzuführen, von der jährlichen Benutzung der Göttinger Universitätsbibliothek die Gesammtzahl von 300719 einmalig benutzter Bände (im Durchschnitt der letzten Jahre) und damit ein richtigeres Bild von ihrer Gesammtbenutzung gewinnen, als wenn die Zahlen der verliehenen Bände und der einmalig auf dem Lesezimmer benutzten unterschiedslos addirt werden. Im Einzelnen setzt jene Zahl sich aus folgenden Posten zusammen:

I. Am Ort verliehen: 36 343 Bde. mit je 4maliger Benutzung: 145 372 Bde.
II. Nach auswärts versandt: 7 169 „ „ „ 6maliger Benutzung: 43 014 „
III. Im Lesesaal benutzt: 29 129 , „ „ einmalig benutzt: 29 129 „
IV. Aus d. Lesesaalbibliothek je 4 Bde. von 16 301 Tagesbesuchern: 65 204 „
V. In den Bücherräumen benutzt von den Berechtigten: 18 000 „

Zusammen einmalig im Jahre: 300 719 Bde.

Mit solchen Zahlen, deren Berechtigung man anerkennen wird, nähern sich unsere grösseren Bibliotheken durchaus den Benutzungsziffern ausländischer Präsenzbibliotheken, deren Höhe andernfalls die Leistungen unserer Büchersammlungen ungerechterweise in einem sehr ungünstigen Lichte erscheinen lässt.

Eine lange, wechselvolle Vergangenheit haben die deutschen Bibliotheken hinter sich. Die Thatsache, dass es auch in den

trübsten Zeiten schwerer politischer Noth oder geistigen Siech-
thums nie an Männern voll Liebe zu den Büchern und dem in
ihnen niedergelegten geistigen Erbe der Väter gefehlt hat,
giebt uns die zuversichtliche Hoffnung, dass unsere Bibliotheken
auch künftig in der Lage sein werden, die ihnen anvertrauten
Schätze zu erhalten, zu mehren und stets in zeitgemässer
Weise nutzbar zu machen.